KB133956

투자의 민낯

느..ㄲ.. 낌… 으로다가
올라가는 길
장기투자
차트 매매
적립식 매수
훗, 나란 녀석...
본격 주식투자 뒷담화 에세이
난 이리로 갑니다
투자의
민낯
이건... 내가 탈 게 아닌 듯...
하.. 나란 놈..
테마 짱!
한한 글·그림

굿모닝미디어

프롤로그

성공한 5%가 아닌 95%의 이야기를 들을 시간

오늘도 유튜브에서는 성공한 슈퍼 개미들이 나름으로 시장을 분석하고, 투자 자세와 기법을 소개한다. 자주 듣는 레퍼토리인데도 언제나 고개가 끄덕여진다. 그렇게만 하면, 그들이 말해주는 대로 공부하고 마음을 고쳐먹으면, 주식 시장에서 나도 크게 먹을 수 있을 것만 같다.

그렇게 4년이 흘렀다. 각종 방송에 나오는 전문가들이 이제는 이웃사촌처럼 익숙해지고 이리저리 고쳐먹던 마음도 질려갈 즈음, 불현듯 슬그머니 화가 났다. 알 수 없는 분노, 왠지 모를 잔잔하고 침착한 분노였다.

산정 기간과 조사 기관에 따라 통계치는 다르지만, 주식 투자에서 장기적으로 크게 성공하는 개인 투자자는 5%에 지나지 않는다고 한다. 대다수는 손실을 보거나 그리 크지 않은 수익을 내는 정도라고…. 그런데도 각종 매체에서는 소수의 성공한 투자자들이 "이렇게 하면 성공할 수 있어요", "당신도 충분히 할 수 있어요"라며 조언과 덕담을 앞다퉈 내놓는다. 살아남은 자, 그러니까 성공한 자들의 '성공 미담'이 넘쳐난다. 그래서였을까. 나는 이들에 고무되어 투자를 지나치게 쉽게 봤다. 감히 내가 그 5%에 들려고 했다니.

나에 대한 책망 반, 애꿎은 전문가와 방송에 대한 원망 반으로 빚어진 화는 혼잣말이 되어 삐져나왔고, 하얀 백지에 고여 글로 굳어졌다. 한밤중에 홀로 앉아 열과 성을 다해 토해낸, 주식 투자 뒷담화가 본격적으로 시작된 배경이다.

삐뚤어진 마음은 '성공 미담'만이 양산되는 이 바닥에 '실패 미담'을 투척하고 싶게 만들었다. 그리고 정말로 투척했다. 담고 있던 응어리를 잘 조각내서 하나씩 내던진다는 것은 생각 이상으로 개운한 것이었다. 속이 시원했고 시원함에 화가 잦아들었다.

여세를 몰아 나머지도 속 시원히 투척하고 도망치려 했다. 그런데 뜻하지 않게 퇴로가 막혀 버렸다. 기고했던 《오마이뉴스》에서 연재에 관심을 보인 것. 그리고 카카오 《브런치》에서의 뜻하지 않은 반응도 그냥 도망가는 것을 허락하지 않았다. 독자의 관심엔 이상한 책임감이 생겨난다. 그렇게 생각보다 긴 연재가 이어졌다.

그러다 마침내 도를 넘어선 일이 터졌다. 출판사로부터 출간 제의가 온 것이다. 《오마이뉴스》에서 내 글을 처음 접한 출판사 대표는 연재 중이었던 한 꼭지의 글에 꽂혀 서울에서 진주까지 한달음에 내려왔다. 그리고 이런 책 한 권쯤은 세상에 있어야 하지 않겠느냐는 이병훈 대표의 말에 감동 백 그릇을 먹고 출판 계약을 맺었다. 그렇게 이 책이 잉태됐다.

주식 투자를 무탈하게 했다면 쓸 수 없었을 그때의 감정과 생각을 빈 여백에 옹기종기 줄 세웠다. 4년 묵은 응어리를 있는 대로 꺼내서였을까. 홀가분함과 함께 어떤 목가적인 편안함이 몰려왔다. 주식 투자를 해오면서 가장 크게 얻은 것이 편안함이라니! 이 어처구니없는 발견 앞에서, 나는 울화와 답답함과 아쉬움으로 점철된 지난 4년을 조금은 따뜻한 시선으로 바라보게 됐다.

패자는 말이 없다는데, 염치 불고하고 자꾸 말을 하게 된다. 성공한 사람들만이 말하는 주식 투자의 세계. 하지만 이제는 그 5%의 이야기가 아닌 95%의 이야기를 들을 때도 되지 않았을까. 실패한 사람들을 대신해 용기 내어 말한다. 실패하는 사람들의 진짜 심리는 무엇인지, 손실이나 수익이 났을 때 왜 그런 행동을 하게 됐는지, 그런 사람에게 주식 시장은 어떻게 보이는지. 낯부끄러울 수 있는 주식 투자의 민낯을 웃픈 이야기에 담담히 담았다.

한 이코노미스트의 말에 따르면 주식 투자는 배를 타고 물 위에 떠 있는 게임이라고 한다. 물 위에 잘만 떠 있으면 언젠간 바다에 도달할 수 있다고. 그런데 대부분이 더 빨리 가려고 욕심을 내다 무리하여 중간에 빠진다고.

애써 무리하지 않는 데에 이 글이 도움이 되었으면 한다. 자기 몸무게의 수십 배를 들 수 있는 개미의 힘으로 지금 타고 있는 배를 꽉 붙들고 바다에서 만나길. 그땐 손에 땀을 쥐게 하는 무용담이 아닌, 별 탈 없이 흘러온 심심한 이야기를 나눌 수 있기를 진심으로 바라본다.

첫 번째 이야기
너무 웃진 마세요, 남 얘기 아니잖아요

두 번째 이야기

화장을 지운 주식 투자의 민낯

세 번째 이야기

아직도 헤매고 있는 중입니다만

네 번째 이야기

그래도 믿는 구석이 있다면…

첫 번째 이야기

너무 웃진 마세요,
남 얘기 아니잖아요.

'느낌적인 느낌', 감성 투자의 모든 것

주워들은 조악한 정보와 느낌에 기대어, 몇백만 원어치 주식을 고민 한번 없이 샀음을 고백한다. '아이고~ 아이고~' 하는 어머니의 통곡 소리가 들려오는 듯하다. 떨어질 때마다 물을 탔던 것도 이실직고한다. 통곡하는 어머니 옆에서 '끅~끅~' 하며 오열하는 아내가 보인다. 게다가 그 물은 빌린 물. '엉~엉~' 하며 네 명의 자식이 멋모른 채 따라 우는 모습도 눈에 선하다.

'오를 것 같다'는 강렬한 느낌이 근거인 이른바 '감성 투자'. 3만 원이 조금 넘는 키보드를 사기 위해 장장 12시간에 걸쳐 모르는 용어도 공부해가며 기능과 가격을 비교했던 나는, 몇백만 원어치 주식을 살 때는 단 12분도 고민하지 않았다. 이해할 수 없는 나란 인간, 도대체 왜 그랬던 걸까?

—— 주식 리딩에 코가 꿰다

지인이 주식 매매를 리딩하는 단톡방에 가입했다. 그러자 온갖 소식들이 들려오기 시작했다. 회원 중 누군가 하루 만에 큰 수익을 냈다는 무용담에서부터 다른 사람은 아직 모른다는 정보까지. 이렇게 조금씩 퍼지기 시작한 정보가 슬금슬금 새더니 결국엔 터져 나왔다. 이 정도면 비밀이 아닌 것 같은데도 비밀이라며 목소리를 낮추고 귀를 기울였다.

처음엔 그다 관심을 두지 않았다. 그런데 STX중공업에 대한 소문이 반복적으로 들리자, 내 귀가 팔랑대기 시작했다. 합병을 하니, 인수가 되니 마니… 본디 귀가 얇은 사람인지라 자꾸 반복해서 듣다 보니 관심 종목에 넣게 되었고, 어느 순간 보초병(추세를 보기 위한 소량 매수)까지 세우고 있었다.

급등락하는 주식을 바라보는 마음은 그런 것이다. '아. 저거 샀으면 먹었는데…', '급락 때 그냥 질렀으면 수익이 얼마야?' 이 같은 마음이 쌓이다 보니, 어느 순간 주식이 불어나기 시작했다. 어차피 기준은 없었다. 소식을 듣고 샀으니 소식이 들어올 때마다 주식은 늘어났다. 좋은 소식에 더 사고, 나쁜 소식에 물 타고…. 어느새 거기서 수익을 내기로 굳건히 결심한 상태가 돼 버렸다. 그러던 어느 날, 절망적인 소식이 들려왔다.

"합병 기대가 사라진 듯합니다. 손절하세요."

응?

"이미 추세가 깨졌습니다."

응??

"안타깝지만, 이번엔 실패입니다."

응???

실패를 다시 각인시키려는 듯 리딩 업자의 문자가 전달됐고 거기엔 손절을 당부하는 간절함이 담겨 있었다. 하지만 나는 그 당부를 따를 수 없었다. 수익을 보기로 이미 결심하지 않았던가. 결국, 나는 손절하라는 '소식'에도 물을 타고 말았다.

주가는 계속해서 떨어지는데, 나 혼자 행복 회로를 돌리며 고집을 부렸다. "모두가 비관할 때 희망이 싹튼다."는 말도 안 되는 격언을 갖다 붙이고, '보란 듯이 익절하고 나오겠노라!' 다짐까지 했다. 콧방귀를 뀌어가며 물을 타던 그때의 나에게, 뒤통수를 후려쳐 기절을 선사하고 싶은 심정이다.

그렇게 마지막까지 물을 탔더니 이미 1천만 원이 넘는 돈이 그곳에 쟁여 있었다. '100만 원만 넣어 볼까?'라며 시작했던 투자는 나 자신도 인지하지 못하는 사이에 불어나 있었고, 손실은 300만 원에 달했다. 그제야 정신이 번쩍 들었다. 자신도 모르게 물건을 사게 된다는 홈쇼핑 중독자의 마음을 십분 이해할 수 있었다. 아니, 그들을 이해할 때가 아니었다. 그래도 그들에겐 물건이라도 남아 있지 않은가.

—— 자가진단

기본을 지키지 않고 기분을 따른 결과는 참담했다. 왜 그랬던 걸까. 왜 남의 말에 귀가 팔랑거려 생각에 없던 종목을 사고, 게다가 맹신까지 해버린 걸까. 귀찮아서? 아니면 잘 모르기 때문에? 아무리 생각해도 그건 아니었다. 구매 상세 페이지에 나오는 전문 용어까지 검색하며 공부하지 않았던가. 그러니 그런 핑계는 왠지 앞뒤가 맞지 않았다.

내가 찾은 이유는 이렇다.

첫째는 '공부한다고 달라질 것 없다'는 경험 때문이다. 가치가 확정적이지 않은 주식은 키보드 구매처럼 객관적인 비교가 쉽지 않다. 기준을 가지고 공을 들이면 마음은 편한데, 모든 노력이 수익을 보장하진 않는다. 이는 리포트를 착실히 읽고 재무제표도 확인해가며 투자해본 사람이 허무함의 과정을 여지없이 거치는 이유이기도 하다.

믿고 기다린 종목보다 소위 '잡주'라던 종목이 연일 상한가 치는 것을 보게 되면, 내 노력에 대한 의심과 회의감은 더욱 커진다. 그러다 보면 차라리 노력이라도 하지 말자는 자기방어적인 태도가 생겨난다. 주식 투자에 있어 편안한 마음이 가장 큰 무기임에도, 큰 수익에 눈이 멀어 큰 손실의 위험을 간과하고 만다.

둘째는 처음부터 애착이 없었기 때문이다. 대다수가 단기간에 큰 수익이 나길 바란다. 그러다 보니 급등 종목을 추종하게 되고, 당연하게도 잠시 보유했다가 얼른 정리하려 마음먹는다. 이런 상황에서 해당 종목에 시간과 공을 들이기란 쉽지 않다. 급히 매수해야 하는 마당에 공부할 시간이 있을 리도 없다. 잘못 사도 불편을 감수하며 써야 할 '나의' 물건을 살 때와는 전적으로 다른 마음가짐이다. 여차하면 던지겠다는 각오가 깔려 있는데 애착이 생길 리 만무하다. 게다가 애착은 없는데 미련은 있어 잘 던지지도 못하니 문제가 커진다.

여기까지가 이해할 수 없었던 나의 투자 행동에 대한 자가진단이다. 모든 문제의 해결은 문제 파악에서부터 시작된다고 보면, 해결 방안은 간단히 도출된다. '길게 보고 내 것을 산다'고 생각하면 되는 거다.

풉! 아… 내가 말하고도 허탈하다. 말로만 쉬운, 세상 어려운 일을 해결 방안이라고 찾아내다니. "동업자가 돼라." "기업의 주인이라 생각하라." 그게 안 되어 이렇게 글을 쓰고 있는데, 답이 저렇게 도출되니 조금 당황스럽다. '어떻게?'라는 방법으로 얘기가 옮겨가면 이게 또 묘연해지기 때문이다. 과연 어떻게 해야 그렇게 생각하고 행동할 수 있을까.

—— 나에게 맞는 길에서 나만의 속도로

마음을 다잡는 좋은 방법이 없을까? 아무리 생각해도 묘책은 떠오르지 않는다. 그런데 분명하게 되새겨지는 것이 단 하나 있긴 하다. '다시는 그러지 말자'는 반복된 후회와 다짐이 그것이다. 겪다 보면 자연스레 멀어지거나 가까워지는 것들이 생긴다. '시행착오'라고 부르는 이것은 자신의 결에 맞는 길을 찾고자 할 때 가장 확실한 방법이다.

경험하지 않고 배우기란 쉽지 않다. 경험하기 전에는 뭐가 뭔지를 분간하기 어렵다. 그래서 뭐든 해 봐야 알게 된다. 조심할 것은 경험에 따르는 영향력의 크기다. 스릴을 경험한답시고 처음부터 스카이다이빙을 선택할 필요는 없다. 낙하산을 펼 줄도 모르면서 용기 내어 뛰어내리는 일은 하지 않아도 된다.

소소하게 회전목마로 시작해 바이킹을 경험한 후, 번지점프를 거쳐 비행기에 올라도 늦지 않다. 정말이다. 뛰어내리고 나서 "아차, 낙하산을 깜빡했네!" 했던 경험은 정말이지 누구에게도 권하고 싶지 않다.

다양한 투자 경험을 무리하지 않는 선에게 쌓아가길 소망한다. 욕심을 누르고 경험을 쌓아가며 길을 찾고, 그 길을 뚜벅뚜벅 걸어갈 수 있기를 바란다. 좀 더뎌도 괜찮다. 내 앞으로 달려나가는 수많은 사람을 앞질러야만 원하는 목적지에 도달할 수 있는 것은 아니니까.

나는 뉴턴보다 나을 줄 알았지

손실을 봤을 때보다 배가 더 아플 때는 팔고 난 후 더 오르는 주가를 볼 때다. 높은 수익을 올린 주식이 자꾸 오르자, 다시 샀다가 폭삭 망했다는 뉴턴의 주식 이야기는 너무나도 유명하다. 벌고도 잃은 것 같은 요상한 마음과 그로 인한 조급한 무리수. 천재 과학자도 심을 수밖에 없었던, '더 먹을 수 있었는데'와 '괜히 다시 들어갔어'의 씨앗이다.

아쉬움이라고 통칭하는 이 씨앗은 주가를 예측할 수 있을 거란 믿음의 토양에서 싹을 틔운다. 한 번은 생각해봤을 추측들이 현실이 되고, 지나고 나서야 만들어지는 스토리가 당연해 보이게 될 때, 아쉬움의 꽃봉오리가 터지면서 투자자의 분통도 터지게 된다.

뉴턴처럼 남다른 통찰력을 가진 위인도, 날고 긴다는 전문가도 제대로 맞추지 못하는 주가의 방향. 그 어려운 것을 맞춰 보려고 참 많이도 시도했다. 제 몸무게의 몇 배를 들 수 있는, 상식을 벗어난 개미여서인지 자꾸만 상식 밖의 행동을 과감히 저질렀다.

—— 욕심이 예측의 근거가 되는 기이한 현상

삼성전자, LG화학 같은 기업의 장기적인 성장세에 투자를 시작하고는, 얼마 지나지 않아 매일의 등락에 현혹됐다. 잘 알지도 못할뿐더러 상장 폐지가 거론되기까지 하는 기업의 미래에 베팅하는가 하면, 기업 합병과 분할로 인한 주가의 방향을 예측하기도 했다. 소소하게 쌓아올린 작은 성공의 조각들은 그런 과정을 통해 한 번에 무너져 내렸다.

예측하는 일도 문제지만, 실상은 욕심이 더 큰 문제였다. 욕심은 '적당히'를 모르게 만든다. 내가 원하는 방향으로만 생각을 몰아갔고, 부풀려 생각하게 만들었다. 길이 하나뿐인, 예외를 용납하지 않는 예측은 그렇게 욕심을 자양분 삼아 자라났다.

오를 때는 당연해 보였고, 내릴 때면 속이 상해 자꾸 손끝이 간질거렸다. 오르면 마냥 오를 것 같았고, 떨어지면 다시 튀어 오를 것만 같았다. 그 결과 불타기, 물타기, 판 거 또 사기가 만연했다. 그것들이 가져온 결과는 불행히도 손실의 배양. 그렇게 무럭무럭 자라난 손실이 결국 나를 위협했다. 욕심만 있고 기준은 없었던 주식 매매는 그렇게 위험한 것이었고, 욕심은 항상 그의 절친인 '화(禍)'를 초대했다.

먹은 걸 토할 땐,
눈물이 나기 마련이지.....

먹은 걸 토하면 속이 쓰리다. 그래서 적당히 먹어야 하는데 그게 참 쉽지 않다. 먹을 때만큼은 너무 행복하다. 그래서 계속 먹고 싶다. 맛있음의 행복감과 배부름의 통증, 그 경계 어디쯤이 되어서야 타협을 보게 된다. 불행인지 다행인지 주식 시장은 배부름이 없는 곳이다. 먹는 만큼 배가 커진다. 아니, 먹은 만큼 더 들어갈 수 있는 공간이 생기는 것 같다. 가끔 배가 부른 듯싶다가도 이내 허기가 지는 곳. 주식 시장은 그런 곳이었다.

그렇게 욕심내서 먹다 보면 으레 체하는 경우가 생기기 마련이다. 욕심으로 배는 커졌는데 소화력은 대단치 않다 보니 그렇다. 체한 것은 생각보다 고약해서 먹은 걸 다 토해내고도 내장까지 쏟아낼 만큼 구역질이 나게 했는데, 더 괴로웠던 것은 고통스런 웩웩거림 뒤에 '이제 살겠다'가 아니라 '이제 어쩌지?'라는 마음의 고통이 시작된다는 사실이었다.

플라톤은 욕구를 억제하고 이성적 행동을 하는 것을 용기라고 했는데, 이에 빗대어 보면 내가 용기라고 착각한 것은 '이성적 행동'이 아니라 욕구를 100% 반영한 '이상적 희망'이었다. 그러고도 대단한 결단을 한 듯 가짜 용기를 남발했다.

—— 용기보다 쉬운 겁먹기

이성적 행동이라 여긴 것이 나만의 행복 시나리오라는 걸 알게 된 후, 이제는 이성적으로 겁부터 먹고 있다. 욕심으로 채운 것들을 수차례 힘겹게 토해내다 보니 절로 겁이 생겨났지만, 실패를 가정한 구체적인 물질적·정신적 고통이 날뛰던 내 욕심에 목줄을 채워 주었기 때문이다. 호되게 당했던 탓인지, 생각만으로도 당시의 느낌이 생생하게 살아나 급해지고 과해지는 마음을 누그러뜨렸다.

트레이더만큼은 아니어도 종종 사고 종종 판다. 5분의 1씩 나눠 담고 5분의 1씩 덜어낸다. 올라도 사거나 팔고, 내려도 사거나 판다. 특별한 경우를 제외하곤 골라낸 종목을 0으로 만들진 않는다. 그렇게 하면 마음이 대체로 편했다. 예전처럼 스펙터클하진 않지만 가끔 마음이 쫄깃해지다가도 편해지는 것을 보면, 나름 이성과 욕심의 경계 어디쯤에서 머물고 있는 듯하다.

내게 있어 이것이 좋은 점은 마음의 여유다. 주가가 더 올라도 아직 가지고 있다는 위안이 들고, 주가가 내려도 채우거나 덜어내면 된다는 안도감이다. 일련의 계획을 짜지만 그 계획만으로 행동하지도 않는다. 많이 두들겨 맞아서인지 너덜거리는 유연함이 생겼고, 한 종목을 오래 접하다 보니 다소간의 확신과 믿음이 생겨서다. 한 사람을 오래 두고 보면 건강 상태나 생활 습관 정도는 알게 되는 것처럼, 매운 걸 먹고 탈이 난 것에 큰일났다며 호들갑을 떨거나 요란한 겉치장에 속는 일이 줄었다.

—— '적당히'라는 세상 어려운 말

음식 솜씨가 좋은 사람에게 조리법을 물으면 대다수가 '적당히'라는 미지의 가늠자를 가지고 설명한다. 적당히 넣고, 적당히 버무리고, 적당히 익히면 된다고 한다. 세상 어려운 그 '적당함'을 어떻게 아느냐는 질문에 대답은 늘 똑같다.

"하다 보면 알게 돼."

역시 어렵다. 그래도 하다 보면 안다고 하니 꾸준히 해보는 수밖에. 부디 애쓰지 않아도 '적당히'를 가늠할 수 있으면 좋겠다. 그리고 그를 위한 시도가 극단적이지 않길 희망한다. 뉴턴은 주식으로 전 재산을 날리고 "나는 천체의 움직임은 계산할 수 있어도, 인간의 광기는 측정할 수 없다."라는 명언이라도 남겼지만, 내 생애 그런 행운(?)을 기대하기는 무리일 테니까.

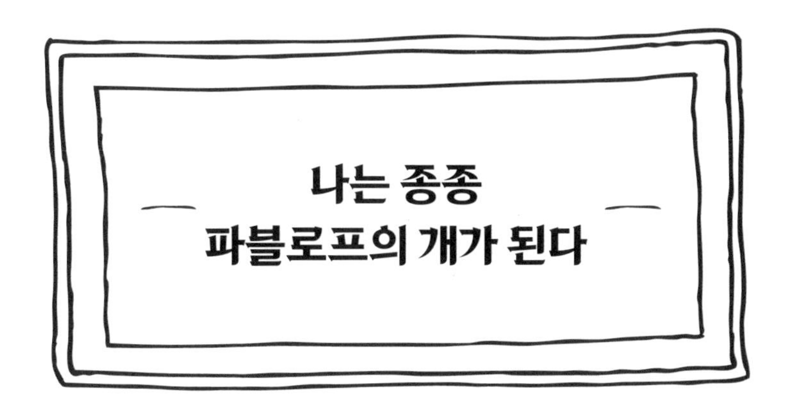

나는 종종 파블로프의 개가 된다

매일 실험당하는 투자자
-파블로프의 개가 내안에도 있었다.

나의 주식 투자 행태를 말할 때마다 너무나도 유명한 '파블로프의 개'를 언급하지 않을 수 없다. 종소리만 들으면 침샘이 폭발하는 파블로프의 개처럼, 주가창만 열면 혹은 주식 시장이 열리는 오전 9시만 되면 폭발하는 거래욕. 나는 개미인가, 개인가.

모두 알다시피 파블로프의 개 실험은 개에게 먹을 것을 줄 때마다 종소리를 들려주면, 먹을 것을 주지 않는 상태에서 개가 종소리만 들어도 침을 흘리게 된다는 '조건 반사'를 밝혀낸 실험이다. 생리학적 연구로 시작한 이 실험은 전혀 상관없는 자극이 반복 학습으로 인해 반응을 만들어 낸다는 이유로 행동주의 심리학 이론으로 자리 잡았다.

이를 생각의 오류 측면에서는 '연상 편향'이라고도 하는데, 나는 이런 심리의 취약함에 완전히 노출되곤 한다. 바로 주가 차트만 보면 매수와 매도 버튼을 누르고 싶어지는 것. 그러다 보니 음식을 기대하며 침을 흘리는 파블로프의 개처럼, 수익에 침을 흘리며 마구잡이로 버튼을 눌러댔다.

다소 아이러니한 것은 먹이가 주어졌던 파블로프의 개와는 달리, 수익이 난 적이 별로 없는데 어째서 수익에 침을 흘리는가 하는 것이다. 이는 잘한 것만 기억하는 '생존 편향'이라는 오류로 완성된다. 즉흥적 결단이 주었던 대다수의 실망스러운 결과보다 단 몇 번의 짜릿했던 성공만이 기억 속에 자리하기 때문이다.

주가 차트가 붉은색이라고 해서 회사의 가치가 올라가진 않을 텐데도 붉게 물든 봉(양봉)에 올라타GO 'GOGO!'를 외쳤다. 이는 비단 나만의 반응은 아니었다. 많은 개미들이 이런 진화론적인 생체 반응에 순응했다. 조금 다른 것이라고 하면 버튼을 누르는 패턴의 차이일 뿐, 실험 속 투자자들이 보이는 반응은 불가항력에 가까워 보인다.

오르면 사고 내리면 판다, 오르면 팔고 내리면 산다, 오르면 사고 내려도 산다, 오르면 '더' 사고 내려도 '더' 산다 등등…. 이유야 제각각이겠지만 매매 패턴의 원리는 실로 간단하다. 대부분의 반응이 이전의 경험을 반영한다는 사실이다.

대부분의 패턴을 수차례 겪어본 바로는, 이전의 아쉬움을 반영한다고 볼 수 있다. '살걸', '팔걸'. 바로 이 단 두 가지 아쉬움으로 다양한 조급함의 매매 패턴이 완성된다.

예를 들어, 급등하는 종목이 고민하는 사이에 상한가를 치면 다음엔 재빨리 사게 된다. 지난번의 아쉬움을 반복하지 않으려는 데에 따른 자연스러운 반응이다. 상승하던 종목이 대량의 거래를 동반한 하락으로 매수가에 도달하게 되면, 다음번에는 파란색의 음봉만 봐도 팔고 싶어진다. 이 또한 학습하는 인간의 자연스러운 반응이다. 그런데 이 쉬운 반응 덕분에 주식계좌를 보노라면 너무 힘이 든다.

—— 생각 자연 발생설

투자의 편안함을 위해 자연스러움을 부자연스럽게 만들어야 하지만, 봉차트가 붉은색이면 마구 달려들고 싶다. 가만 보면 투우소 같기도 하다. 그런 욕망을 억누르지 못하면 많은 경우, '내가 미쳤지'라는 자괴감에 돌입하며 투우소는 '내가 미쳤소'로 거듭난다. 무작정 달려들다 창에 잔뜩 꽂힌 소가 되긴 싫은데, 본능을 억누르는 게 쉽지가 않다.

이 모든 것이 '생각 자연 발생설'에 근거한다. 모두가 아는 견물생심이 바로 그것이다. 이 생리를 바꾸는 일이 쉽지 않다. 아무 생각이 없다가도, 혹은 굳건한 의지로 다짐했더라도 움직이는 주가를 보면 없던 생각이 생겨나고, 단단했던 다짐은 말랑해진다. 게다가 애초에 있지 않았던 생각과 계획도 순식간에 만들어진다.

> '그래, 내가 이 회사를 좋게 봤었지. 내 생각이 맞았어.'
>
> '이렇게 하려고 했고, 저렇게 하려고도 했고….'

아니다. 거짓말이다. 한 번도 진지하게 생각한 적이 없다. 오를 때만 가져다 붙이는 사후 편향에, 생존 편향에, 이런저런 편향이 켜켜이 끼어든 오류의 결과물이 바로 저러한 말이다. '알고 있었는데…' 개미의 탈을 쓴 인간만이 할 수 있는 밑도 끝도 없는 스토리텔링. 이런 이야기를 짜내다 보면 투자는 위험해진다.

—— 수익에 침을 덜 흘리는 방법

이럴 땐 좋은 방안이 있다. 그냥 해보는 거다. 무슨 뚱딴지같은 소리냐는 말이 들려온다. 말려야 하는 거 아니냐는 지적도 들린다. 그런데 이건 말린다고 안 할 수 있는 게 아니다. 그러니 나도 가끔 개가 되는 거다. 다만 이걸 굳이 겪겠다는 이들에게 한 가지만 당부하고 싶다.

"최선을 다해 '기대'를 꺾으세요."

파블로프의 실험 내용을 보면 '소거'라는 개념이 나온다. 종소리가 들려도 계속해서 먹이가 주어지지 않으면 종소리에 반응하지 않게 된다는 것이다. 다시 말해, 기대했던 것과는 달리 먹이가 주어지지 않는 일이 반복되니 기대치가 낮춰진다는 거다.

기대가 행동을 만든다. 종소리와 함께 먹을 수 없는 것을 주었다면 개의 입에서 더 이상 침은 나오지 않았을 터, 성공한 행동만을 기억하지 말고 모든 결과를 되짚는 학습이 무엇보다 중요한 이유다. 경험하고 그것을 통해 배우자는 얘기다. 조급하고 막연한 기대와 확률 낮은 성공의 연결 고리를 최대한 느슨하게 만듦으로써 주식계좌와 마음은 조금 더 단단하고 편안해질 수 있다.

반복된 충동 거래가 가져다준 폐해는 이만저만이 아니다. 자책, 후회, 손실 등등. 조급한 손놀림으로 결과가 좋았던 적이 별로 없다. 그래서 효과는 제법 확실하다 할 수 있다. 그런데 나쁜 점을 알기 위한 이런 종류의 학습은 상당히 많은 시간과 고통을 수반한다. 말리지는 못하지만 결코 권할 만한 건 못 되는 이유가 여기에 있다. 무턱대고 경험하다 더 빨리, 그리고 확실히 망가지는 경우도 생기니까.

둘러서 왔지만 아무래도 반면교사가 낫다. 다행히 학습은 경험과 반복으로만 이뤄지진 않는다. 영장류의 학습은 관찰과 모방으로도 이뤄진다. 좋은 것은 따라 하고, 좋지 않은 것은 따라 하지 않는 학습 능력이 인간에겐 있다.

구구절절이 적은 변변찮은 글을 여기까지 읽었다면, 어느 정도 관찰은 끝났다. 이제 이를 모방할 건지 하지 않을 건지는 각자에게 달렸다. 부디 일반적인 영장류의 결정과 같기를 간절히 바랄 뿐이다.

매일 같이 실험하듯 그려지는 주가의 등락에 반응하지 않을 때, 우리는 파블로프의 개가 아닌 사람의 존엄을 지킬 수 있다. “침 흘리고 있는데 왜 먹을 걸 안 주는 거야!!?”라는 식의 밑도 끝도 없는 억지는 개조차 부리지 않는다. 그리고 우리는 개가 아니다. 개는 귀엽기라도 하지만 사람이 개가 될 땐 상종할 일이 못 된다. 오늘도 인간의 모습으로 좀 더 오래 머물기 위해 노력하는 이유이기도 하다.

사는 족족 수익으로 연결, 주식 천재의 탄생

- 테마주 투자의 민낯①

오늘도 정치인 관련 기사에 속이 쓰리다. 사람에 대한 반감이나 정책에 대한 거부감은 아니다. 오로지 나만 아는, 지극히 개인적인 문제 때문이다. 그들은 '대선'을 배경으로 한 내 주식 이야기에서 빠질 수 없는 조연으로, 내 인생에서 '쓰라림'을 담당하고 있다.

가볍게 시작한 주식 투자는 지나치게 가벼웠던 탓인지 돈도 가볍게 나부꼈다. 그리고 행운을 실력으로 착각하기 시작하면서 생긴 문제는 생전 겪어보지 못한 경험을 선사했다. 물로 보다 골로 간 사연, 바로 정치 테마주 이야기다.

정치 테마주의 유혹을 뿌리치기는 힘이 들었다. 매력이 상당했기 때문이다.

첫 번째 매력은 1cm 깊이의 지식도 필요하지 않다는 데 있었다.

그저 누군가가 분석해둔 학연, 지연만 알아도 충분했다. 그 회사가 뭘 하는지, 그 일로 돈을 얼마나 벌고 있는지는 알 바 아니었다. 그 회사 사장이 정치가와 동문인지, 정치가의 사촌이나 팔촌이 몸담고 있는지, 혹은 '몸담았던' 회사인지만 중요했다. 그래도 알아야 했던 게 하나 있다면 사람들이 몰려드는가였는데, 그쯤은 주식 차트만 열면 확인할 수 있었다. 빵빵 터져 있는 거래량이 모든 걸 설명해주었다.

두 번째 매력은 롤러코스터 같은 짜릿함이었다. 호모 루덴스, '놀이하는 인간'의 천성을 거부하지 못했다. 급등과 급락을 반복하며 오르락내리락. 야호! 신난다! 한 번 맛을 보니, 덩치 큰 유명 대기업은 관심의 대상조차 되지 못했다. 수익이 2%, 3%? 성에 찰 리 없었다. 바로 옆에 10%씩 올라가는 종목이 있는데? 그래서 자연스레 정치 테마주에 몸을 실었다. 이게 체질이라며, 뭐든 재밌어야 하는 법이라며. "즐기는 자는 천재도 이긴다."는 말을 어찌 여기다 갖다 붙였는지 모를 일이다.

—— 주식 천재 탄생?

처음엔 좋았다. 우량주 위주의 매매는 사는 족족 수익으로 연결됐다. 사자마자 오르는 이 기쁨. 누구나 한 번쯤은 느껴봤을 거다. 마치 주식 천재가 된 듯한 기분마저 들었다. 내친김에 막연한 청사진을 그려보고 허술한 투자 계획도 세웠다.

주식을 처음 시작하는 사람 중 대다수는 가슴이 웅장해지는 상상을 하곤 한다. 나도 그랬고 내 옆 동료도 그랬고, 옆 옆 동료도 그러했다. 우린 사람이니까. 어쩔 수 없이 눈앞의 수익에 낙관했고 동시에 환장했다. 장담하건대 어제 시작한 사람, 오늘 시작한 사람, 내일 시작할 사람이 높은 확률로 그러할 것이다.

그러다 '형지엘리트'를 만났다. 이재명 정책 테마주였다. 성남시장 시절의 무상 교복 정책에 따른 수혜 예상 기업으로, 몇 시간 만에 10%의 수익을 안겨줬다. 이 경험은 내 어설픈 투자 청사진에 큰 변화를 몰고 왔다. '하루에 10%씩 1년이면…', '한 1억 태워서 하루 만에 10%면….' (두근두근)

그리고 한 번의 강력한 요행을 경험하고서 확신했다.

'나, 천재였구나….'

그렇게 두근거림 속에서 다시 그린 청사진은, 저무는 테마주의 끄트머리를 잡게 했다. 그렇다. 나는 '물려'버렸다. 하지만 물렸다고 물러설 수는 없었다. 당연한 수순으로 물타기를 시작했다. 손실을 본 적이 없으니 자연스러운 판단이었다. 사면 올라야 하는데 내리다니, 용납할 수 없었다. 게다가 지금껏 잘 올랐던 녀석이지 않은가. 그리고 나의 판단을 뒤집을 수도 없었다. 왜냐면, 나는 천재니까.

예상되겠지만, 그렇게 천재는 울며 겨자 먹기로 비자발적 장기 투자자가 되었다. 그러고는 가격이 반 토막이나 난 후에야 주식을 대거 정리할 수 있었다. 2년, 내가 주식 천재가 아님을 깨닫는 데에 너무 오랜 시간이 걸렸다.

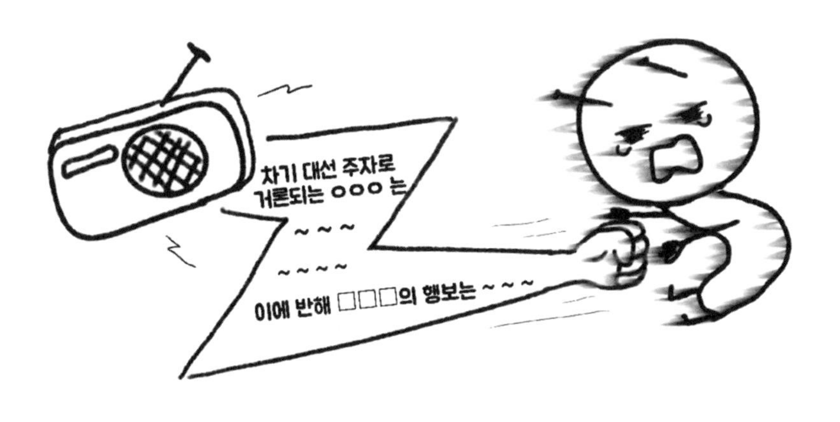

시간이 지났어도
자꾸만 때리 쌌네....

긴 시간이 지났지만 지금도 대선 관련 기사나 교복을 마주할 때면 여전히 씁쓸함이 가시지 않는다. 팔고 나서 올랐다는 아쉬움이나 아직도 원금이 회복되지 않았다는 안타까움 때문이 아니다. 작은 언론 기사 하나에도 온몸이 휘청거릴 정도의 가벼움을 택했던 내가 자꾸 떠올라서다. 화장실에 앉아 주가창을 보며 좋아하고 걱정하던 나를 떠올리다 보면, 왜 그리 안 돼 보이는지….

그리고 무엇보다 그때 경험이 지금도 사무치는 이유는, 이것이 테마주로의 입성을 알리는 첫 관문이었기 때문이다.

2017년 3월 10일, 박근혜 대통령 탄핵으로 인해 한 테마주가 -15.70%에서 22.09%로의 급등락을 보였다. 대통령 파면에 베팅한 나는 큰 수익을 올렸고, 그때의 긴장감은 이루 말할 수 없는 떨림과 환희를 선사했다. 그리고 그것은 앞서 언급한 형지엘리트 사건을 아주 하찮게 만드는 출발점이기도 했다. 나를 불과 한 달 만에 10년이나 늙게 만든 사건이, 그렇게 나를 2년이라는 긴 테마주 투자자의 길로 안내했다.

아픔을 잊고 달려드는 돈키호테 개미

- 테마주 투자의 민낯②

2017년 3월 10일, 박근혜 대통령 탄핵 심판 선고가 시작되자 대한민국이 들썩이기 시작했다. 그리고 그 들썩임은 주식 시장도 요동치게 만들었다.

탄핵 사유에 대해 하나씩 짚어나갈 때마다 관련 주식들이 고장 난 온도계처럼 움직였다. 오르락내리락. 도통 방향을 잡지 못했다. 공무원 임면권 남용과 언론 자유 침해 부분에서 증거 부족이라는 판결이 나오자 사람들의 탄성이 터져 나왔다. 곧이어 좀 전까지 스멀스멀 오르던 차기 대선 주자와 관련된 관련주는 -10%~-20%까지 급락했고, 이와 반대로 박근혜 대통령 관련주로 분류된 종목들은 상한가로 직행했다.

하지만 그것도 잠시, 최순실의 국정 개입에 대한 판결문이 나오기 시작하면서 상황은 급반전했다. 사람들의 탄성이 멈추고 끄덕임이 이어졌다. 그에 맞춰 어느새 해당 종목들이 정반대의 위치에 와 있었다. 갈피를 잡을 수 없는 판결과 주가의 급등락. 이런 롤러코스터는 처음이었다. 바람 한 점 없이 말초신경을 곤두서게 하는 희대의 조합. 그리고 마침내….

"주문. 피청구인 대통령 박근혜를 파면한다."

나는 주먹을 불끈 쥐었다. 많은 사람들이 박수를 치거나 안도의 한숨을 내쉬었다. 그리고 동시에 다수의 사람들이 바쁘게 스마트폰 화면을 만지기 시작했다. 이날 자신의 바람을 더 절실하게 만들고 싶었던 많은 사람들이 대통령 파면 관련주에 베팅했음을 알 수 있었다.

-15.70%에서 22.09%. 내가 당일 매수했던 DSR제강의 등락폭이다. 나 역시 나의 바람을 더 절실하게 만들고 싶었던지 수중에 있던 돈 대부분을 대통령 파면에 실었다. 당연하게도 탄핵은 만장일치로 가결되었고, 2000만 원을 베팅하여 200만 원의 수익을 거뒀다. 탄핵과 수익. 개인적으로 이래저래 의미가 큰 날이었다. 그리고 이날은 짜릿한 떨림과 환희를 얻는 동시에 현실 감각을 잃어버린 날이기도 했다.

—— 환희라는 환상 속에서 탄생한 돈키호테

단 몇 초 만에 −500만 원의 손실에서 200만 원의 수익을 목도한 나는, 갑자기 용감해졌다. 이때 겁을 먹었어야 했는데, 짜릿함 끝의 안도감과 성취감이 무모함을 배양한 것이 분명했다. 자이로드롭을 경험한 누군가에겐 바이킹이 우스워 보이는 것처럼, 그땐 모든 것이 만만해 보였다.

한 번의 어설픈 성공은 나를 현실감 잃은 돈키호테로 만들어 버렸고, 테마의 냄새가 풍기는 곳이라면 어디든 달려가게 만들었다. 잘될 거라는 막연한 낙관과 과감한 베팅으로 힘차게 돌아가는 테마라는 풍차로 돌격했다.

처음엔 그럭저럭 괜찮았다. 대부분의 테마는 나름의 흐름이라는 게 있어서, 출렁거리는 시세를 마치 파도타기 하듯 잘만 타 넘으면 즐거울 수 있었다. 몇몇 종목에서 5~10%의 수익이 지속됐다. 하지만 이내 근질거렸다. 수익률에 비해 수익금이 미미했다. 너무 적게 투자한 것 같았다. 그래서 대출을 받았고 치솟는 불기둥에 돈을 들이부었다. 역시 땔감이 충만하니 불길은 강해졌고, 그 열기에 나는 흡족했다.

하지만 근거 없는 테마는 언젠간 저무는 법. 테마의 열기가 식기 시작하자 수익은 이내 손실로 바뀌었다. 그리고 손실은 순식간에 눈덩이처럼 불어났다. 어쩜 그리도 쉽게 내려가던지… 파도를 즐기려 서 있던 판이 서핑보드인 줄 알았는데 골판지였다. 살려달라고 외쳐야 했지만, 있는 힘껏 바닷가로 나왔어야 했지만, 나는 계속해서 주위에 널려 있는 다른 골판지에 손을 뻗었다. 돌아가기엔 바닷가가 너무 멀었고, 어처구니없게도 나는 수영을 할 줄 몰랐기에.

손실이 커질수록 현실감은 점점 더 멀어져만 갔다. 뭔가 사이버머니를 잃는 듯한 느낌이랄까. 눈앞의 숫자에 무감각해져 갔다. 하지만 멈출 순 없었다. 환상 속에서 사는 돈키호테답게 그냥 풍차를 향해 달려들 수밖에….

"가즈아~!"

다그닥 다그닥 다그닥….

돈키호테는 이만 물러납니다

- 테마주 투자의 민낯③

테마의 급격한 소멸로 인해 –900만 원이라는 손실이 '추가로' 찍히던 날, 그제야 주식계좌가 보이기 시작했다.

'언제 이렇게 많은 돈을 넣었지? 내가 미쳤나?'

그날은 모든 팀원이 벚꽃 가득한 공원에서 점심을 먹기로 한 날이었다. 아름다운 벚꽃 세상에서 환하게 미소 지으며 모두가 꽃이 되던 날. 그 환한 꽃들 사이에서 나는 홀로 내가 진 짐을 어렵사리 떠받치고 있었다. 그날의 벚꽃 환했던 빛도 가슴 속 짙은 어둠을 밝혀 주진 못했다.

한 달도 안 된 기간에 2000만 원의 손실이 났다. 너무 비현실적이라 처음 몇 주 동안은 오히려 무덤덤할 정도였다. 200만 원 수익에 기고만장했던 주식 초보는 그렇게 만신창이가 됐다. 이후 반도체 대세 상승기(2017년부터 2018년까지 이어진)로 주가지수가 사상 최고치를 경신하는 동안에도 내 주식계좌는 내내 손실을 기록했다. 2차 전지니 반도체니 바이오니 하는 종목이 신고가를 경신하며 역사를 써나가는 동안, 손실을 빨리 만회하고자 테마주 일색이던 내 주식계좌는 손실의 역사를 써 '내려'갔다. 그렇게 한 방을 노린 종목들은 힘 한번 써보지 못하고 차근차근 무너져 내렸다.

상대적 박탈감은 이루 말할 수 없을 정도로 컸다. 다 오르는데 내 것만 내려갈 때의 기분은 모두가 즐거운 파티에서 나 혼자 접시물에 코를 박고 있는 느낌이었다. 하지만 정말 치명적인 문제는 금전적 손실과 소외감이 아니었다. 돈이 가장 큰 문제라고 생각했는데, 거기에는 더 크고 무거운 문제가 있었다. 바로 일상의 망가짐이었다.

떨어진 노동 의욕과 기회비용에 대한 아쉬움. 이것의 파괴력은 상당했다. 스쳐 지나갔지만 언제나 반가웠던 월급이 너무나 왜소해 보였고, 지인들과 기분 좋게 어울리다가도 뜬금없이 생각나는 막대한 손실 때문에 급격히 우울해지곤 했다. 외식 한번 하고 싶어 하던 아내에게 절약 운운했던 일이, 부모님께 드리는 용돈을 10만 원으로 할지 20만 원으로 할지 고민하던 일이 떠올라 사무치게 아팠다. 나는 대체 무엇을 위해 그랬던 걸까.

— 권할 수 없는 쓴 약

잘해보려고 했다는 변명만으로는 후회와 아픔이 줄어들지 않는다. 그런 행동이 생각보다 훨씬 무책임한 행동이었다는 걸 깨달았을 땐 이미 많은 것들이 사라진 후였다. 그리고 이를 되돌리기 위해선 상당한 시간과 노력이 필요했다.

화끈한 것이 좋았다. 그래서 화끈하게 한 번 놀아봤다. 따뜻해서 좋다고 첨벙대며 놀던 나는 서서히 끓어오르는 물에 그대로 익어 버렸다. 비커 속 개구리, 아니 개미가 바로 나였다. 위기 감지 능력이 누구보다 뛰어나야 할 개미가 그렇게나 태평하고 무감각했다.

해본 입장에서 테마주는 그리 추천할 만한 것이 못 된다. 철저히 기계적으로 움직여야 하는데 사람으로서 이게 참 어렵다. 감정이 섞이고, 여기에 막연한 희망과 공포마저 가미되면 기계적 대응은 허무맹랑한 이야기일 뿐이다.

그런데 이걸 하지 않는 게 굉장히 어렵다. 눈앞의 사탕을 먹지 않고 참을 수 있는 아이가 얼마나 있을까. 주식 초보의 입장에서 테마주는 얼른 들어가 맛있게 먹고 나오면 되는, 맛난 음식이 천지인 놀이터처럼 보인다. 그래서 절대 말릴 수 없다.

테마주에서 달콤한 맛을 본 주린이는 말할 것도 없다. 그 맛의 황홀함에 취한 주린이를 본 또 다른 주린이는 물론이거니와 누군가의 황홀함을 옆에서 엿들은 제3의 주린이도 솔깃해지기 마련이다. 그 맛의 위험과 중독성을 아무리 경고해도 백에 아흔아홉은 소용이 없다. 그래서 애초에 절대 하지 말라는 얘기는 공허한 외침일 뿐이다.

문제는 감당 가능한 수준에 대한 판단이다. 그런 극한의 상황에서도 정신력을 유지한다면 그것이 적성이거나 무리하지 않는 자제력을 갖추었기 때문일 테다. 경험상 나는 아니었다. 과하게 무리했고, 정신력이 무너졌고, 생활이 무기력해졌다. 화장실 변기 위에 앉아 급등락하는 차트를 보면서 한없이 작아졌다. 겪어보면 안다. 그래서 내 것이 아니라 생각했고, 힘겹게 아주 힘겹게 등을 돌렸다. 모든 경험이 소중한 것이라 해도 결코 누구에게도 권할 수 없는 경험, 그런 경험을 나는 참 길게도 했다.

이후에도 후회와 반성은 줄기차게 이어졌다. 나는 원래 느린 사람이란 걸, 주식을 대할 때면 자주 잊게 된다. 그래서 조금씩 바꿔나갔다. 템포를 늦추고 시장이 선사하는 모든 자극과 반응을 생생하게 맛보며 곱씹었다. 그리고 유쾌함과 찜찜함에 경로를 조금씩 수정했다. 단번에 변경하고 싶었으나 천성이 느린 내겐 너무 어려운 일이었다.

정치인들의 소식을 접하면 여전히 속이 쓰리다. 하지만 맞지 않는 그 길을 다시 가지 않게 해줬으니, 어쩌면 고마운 아픔인지도 모르겠다.

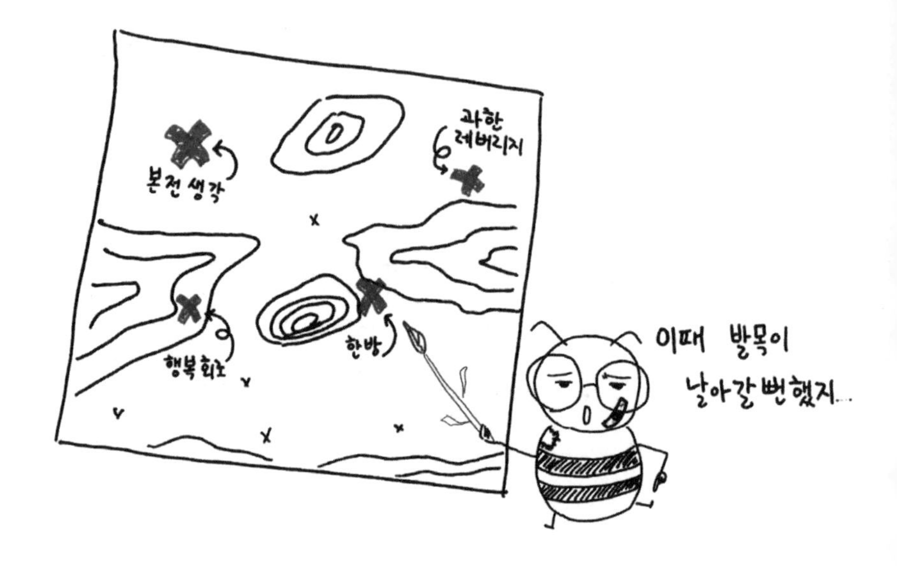

—— 물 위에 떠 있기로 했다면

중요한 것은 물 위에 떠 있기로 했다면 끝까지 버텨야 한다는 사실이다. 버티는 일에 자책과 자기 비하는 전혀 도움이 되지 않았다. 힘만 더 빠질 뿐이다. 하마터면 그만둘 뻔했다. 혹시 누군가가 나와 같이 속상해하고 있다면 그것으로 됐다고 말해주고 싶다. 속상함은 잘하고픈 마음에서 생기는 거니까, 그 마음으로 다시 잘 버티면 된다고. 어디에나 시행착오는 있기 마련이라고.

금연했다는 것이 흡연했었다는 부끄러움이 아닌 것처럼, 더는 테마주(정확히는 급등락하는 종목)에 휘둘리지 않는 지금의 모습에

만족하려 한다. 하~ 이렇게 합리화하는 데에 참 오래도 걸렸다.

가치투자든 장타든 단타든 묻지 마 투자든, 잘해보려는 각자의 최선이 자신에게 맞는 길로 인도하기를 바라본다. '한 달에 200% 수익 보장', '극소수만이 아는 특급 비기'뿐 아니라 '기업과의 동업', '가치에 투자하라' 같은 귀가 솔깃하고 그럴싸한 투자에 막연히 현혹되지 말기를. 부디 모두가 자신의 발에 맞는 신발과 그 신발에 맞는 길을 '큰 무리 없이' 찾기를 진심으로 바란다. 그리고 그 길이 부디 꽃길로 이어졌으면 좋겠다.

돈을 더 내면 더 스릴 있는 테마파크가 있다?

주식 시장에도 테마파크가 있는지 몰랐다. 이 테마, 저 테마, 그 테마··· 수많은 테마가 극도의 스릴을 제공할 롤러코스터를 준비하고 있었다. 난 그저 선택해서 타기만 하면 끝. 당연한 얘기지만 즐기려면 돈이 필요하다.

—— 주식계좌 잔고를 불리는 방법

주식에 심신을 다하여 매진할수록 주식계좌의 잔고는 대체로 불어나게 된다. 모두가 나름의 최선을 다하기에 생겨나는 현상이다. 아, 참고로 주식계좌의 잔고를 불리는 데에는 두 가지 방법이 있다. 평가 이익을 늘리거나 예수금을 더 넣거나. 아쉽게도 나는 후자였다.

느긋하지 못하고 조바심에 시세를 쫓던 생각 없는 개미는 다행히 지금까지 잘 버티고 있다. 테마주 때문에 큰 곤경에 빠진 것처럼 이야기했지만, 정말로 나를 위험에 빠트렸던 것은 감당할 수 없이 커졌던 투자금이었다. 수백만 원의 -10%와 수천만 원의 -10%는 태생부터 충격 강도가 다르다는 것을 겪어보고서야 실감한 탓이다.

손실에 대한 두려움보단 수익에 대한 기대가 지나치게 컸다. 게다가 현재의 손실을 작게 보이게 하는 물타기 효과는 상당한 심리적 안정감을 제공해줬다. 이 두 가지 조합은 대개 동시에 일어나는데, 이런 심리라고 할 수 있다.

"어? 많이 떨어졌네. 평단가를 낮춰서 빨리 수익으로 바꿔야지."

그러다 보면 계좌의 손익률은 별로 변한 것이 없는데, 손익금은 어느새 급격하게 늘어나 있는 것을 발견하게 된다. 예상대로 올라주면 좋으련만, 주식 시장은 내 희망과 의지가 0.00000001도 반영되지 않는 곳이었다.

돈을 더 내면 위험을 제공합니다.

—— 테마파크 입장

처음엔 200만 원으로 시작했다. 그리고 평소 관계가 있던, 안다고 착각했던 회사의 주식을 샀다. 운 좋게도 초심자의 행운이 이어졌다. 20만 원가량의 수익에 기뻐했지만 알 수 없는 갈증이 일었다. 그래서 그 돈을 하루 10% 안팎의 변동쯤이야 우스웠던 대선 테마주에 옮겨 담았다.

여론 조사가 나오거나 누군가의 출마 선언이 이어지면 이내 반응하는 종목들. 상식적으론 이해할 수 없는 변동이 상식을 가진 사람들의 손에 의해 만들어졌다. 사람들은 '믿었다.' 사람들이 몰려들 것이고, 내가 더 비싼 가격에 팔고 나올 수 있을 거라고.

그중 한 명이었던 나의 주식계좌는 어느새 800만 원으로 불어 있었다. 약간의 수익과 더 큰 수익을 기대한 '불타기'의 결과였다. 이때부터 느꼈던 가격의 등락이 이전에 느꼈던 것과는 완전히 달랐다. 회사에서 회의 시작 직전에 목도했던, 믿기지 않았던 120만 원의 수익이 30분간의 회의 후에는 믿고 싶지 않은 -20만 원의 손실로 변해 있었다. 겪고도 믿을 수 없었던 경험은 손 떨리게 할 만큼 아찔했다.

어째서 내가 본 최고점을 본전이라 여기는 것인지, 나는 손실을 봤다는 생각에 공허함을 느꼈다. 그리고 그 공허함을 메꾸고자 돈을 채워 넣었다. 조금 이상한 흐름이었지만, 당시엔 그럴싸한 핑계가 있었다. 셋째 아이의 출산이 가까워져 있었고, 뭐라도 해야 한다는 중압감이 나를 압박했다. "이대로는 답이 없다!"라는 판단이 내게 '무리'를 요구했다.

때마침 대출도 쉬웠다. 그래서 대출을 받아 투자금을 늘렸다. 아주 자연스러운 흐름이었다. 별다른 수를 낼 수 없는 직장인에게 주식과 대출은 너무 가까웠고, 운을 실력이라 믿었던 주식 초보는 아직 돈을 제대로 잃어보질 않았으니까. 근거 없는 자신감이 완전히 충전된 상태였다. 그리고 이 테마 저 테마에 발을 디디기 시작했다.

—— 돈다발을 든 주식 초보

자신감을 가지고 최선을 다한 것이 무슨 문제겠냐만, 조급함으로 인해 핀트가 많이 틀어져 있었다. 큰 금액으로 빠르게 한탕(?)하고 싶었던 나는, 심장이 튀어나올 것 같은 스릴을 끝내 이겨내지 못했다.

감당할 수 없는 금액은 마치 주머니에 다 넣지 못한 돈다발을 손에 쥐고 롤러코스터를 타는 것과 같았다. 안전바를 잡아야 할 손으로 돈다발을 쥐고 앉아 있으니, 롤러코스터의 움직임을 제대로 즐길 수 없었다. 모두가 쉽지 않다고 해도 나만은 할 수 있을 거라 믿었는데….

결과는 처참했다. 떨어질 때의 고통이 심해 바닥이 가까워지면 뛰어내렸고, 다시 용기를 내어 올라타도 조금 오르면 다시 떨어질까 봐 또 뛰어내렸다. 그렇게 계속 뛰어내리다 보니, 어디로 날아갔는지 꼭 쥐고 있던 돈다발이 가벼워졌다. 게다가 꼭대기에서부터 떨어지는 롤러코스터에 올라탄 채, 용기를 내보려고 만세를 부르다 돈다발을 놓치기도 했다.

감당하기 힘들었던 돈 다발들

—— 돈을 더 내면 스릴이 배가 되는 곳

그 옛날 월미도 유원지에서 바이킹을 탈 때면 스릴을 극대화하기 위해 맨 뒤에 앉아 반쯤 일어나곤 했다. 당시 바이킹은 각도도 각도지만 외관상으로도 불안한 무언가가 있었고, 심지어 안전바가 들리기도 했다. 안전바 사이로 사람이 빠질 수도 있는 공간에서 나는 엉덩이를 들어 올림으로써 스릴도 최대한 끌어올렸다. 그렇게 스릴을 즐기던 어린이는 주식 초보가 되어 주식 투자라는 360도 회전 열차를 안전바도 하지 않은 채 탔다. 아찔했다. 바이킹의 그것과는 다른, 아픔을 동반한 스릴에 몇 번이고 정신줄을 놓을 뻔했다.

겁없이 하는 행동 때문에 항상 사고가 난다. 적어도 놀이기구 탑승제한처럼 키가 100cm가 되지 않으면 입장이 불가해야 하는데, 아쉽게도 주식 시장엔 100cm를 재는 측정대가 없다. 제재할 안전요원도 없다. 오직 자신의 마음가짐만으로 자체 검열을 해야 한다. 환장할 노릇은 이 100cm라는 기준이 사람마다 시기마다 제각각이란 거다. 명확한 가이드라인이 없는 상황에서 누군가는 뒤꿈치를 들거나 키높이 신발을 신고 입장하기도 하고, 보호자 동반 입장이면 된다는 듯 전문가라는 사람의 손을 잡고 당당하게 들어가기도 한다.

그리고 독특한 것이 하나 더 있는데, 돈을 더 내면 안전바를 치워주기도 한다는 사실이다. 안 그래도 안전바 사이로 쑥 빠질 만큼 작은 주린이가 안전바까지 치워버리고 기세등등하게 앉아 있는 모습. 생각만 해도 불안한 이 모습을 참 많이도 연출했었다. 누구도 막지 않는 동시에 누구도 책임져주지 않는다는 사실을 너무 가볍게 생각했다. 버젓이 적혀 있는 안전문구에 콧방귀를 뀌며 안전바도 하지 않은 채 돈다발을 들고 앉았다. 애가 탄 누군가가 안전바

의미없는 자체통과 시스템

의 필요성을 강조하지만, 주식 초보의 가벼운 귀에 무거운 투자 철학을 읊는 것이나 다름없다. 스릴의 극한을 맛보지 못한 주린이는 눈까지 반짝였다. 마치 관람 열차를 탄 듯 설레는 마음으로 더 높이 올라가기만을 바라면서….

—— 고통으로 투자 비중을 다스리는 주식 초보

요즘 나는 100cm를 재는 방법으로 시도와 고통 회피를 반복하고 있다. 좀 무식한 방법이긴 한데, 내겐 이만한 방법이 또 없다. 사람은 고통에 취약하다. 나 역시 취약한 인간이기에 고통이 싫다. 도망치고 싶다. 그래서 도망치고 있다. 기회만 있으면 수도 없이.

내가 사둔 주식이 떨어질까 무서워서 팔았다는 얘기다. 깊은 이해 없이 투자한 탓도 있지만, 기본적으로 내 선택을 확신할 수 없기에 불확신에 따른 불안감이 나를 그렇게 만들었다. 무서워서 팔다 보면 가지고 있어도 무섭지 않은 정도만 남게 된달까. 그러다 보니 안전바를 꼭 붙잡을 수 있는 여유도 생겼다. '이번에 마지막으로'가 아닌 '이번에도 무사히'라는 마음으로.

'쪼가리 대박'이라는 게 있다. 동향만 살피기 위해 소액으로 매수한 종목이 아주 큰 수익을 낸 경우를 말한다. 작은 투자 비중에 동요하지 않아서 볼 수 있는 '기현상'이다. 조금만 비중이 실렸어도 거두기가 쉽지 않은 수익률을 한두 주만 보유함으로써 마음 편하게 만들어 낸다. 이런 쪼가리 대박처럼 마음 편한 '덩어리 소박'을 이루는 것이 나의 목표다.

뭐든 지나치면 좋지 않다. 겪어봐서 안다. 주식 시장에서 지나침은 가슴이 철렁 내려앉는 수준이 아니라 털썩 주저앉게 되는 일이다. 자주 한눈팔다 보면 돌아올 수 없는 어딘가로 가 있는 것. 그게 주식 투자였다.

셋째 아이 때문에 무리했던 '나'란 주린이는 지금 무려 넷째를

낳아 잘 지내고 있다. 주식으로 번 돈은 아직도 얼마 되지 않지만, 지내다 보니 월급만으로도 어찌어찌 살아가고 있다. 크게 여유가 없어 욕심을 버려서인지 네 아이를 키우는 일이 생각보다 '답이 없는' 지경에는 이르지 않았다. 이렇게 될 거, 조급해하지 않았더라면 더 좋았을 것을. 멋모르고 빨리 가려다 오래 헤맸고, 한 번에 많이 들고 가려다 크게도 다쳤다.

오늘도 신나게 솟아오르는 놀이기구를 보며 '와~' 하다가도, 간간이 들리는 '악~' 하는 비명에 마음을 추스른다. 부디 무리하지 않는 선에서 잘 노닐길. 조급해하지 말고 부러워하지도 말기를. 그런 쉽지 않은 마음이 오늘도 지켜지길 바라며 자유이용권 대신 입장권을 만지작거린다.

본전만 찾으면 떠날 수 있을 것 같죠?

"다시는 안 해!"

주식 시장에서 한 번 데이고 나면 으레 입 밖으로 나오는 말이다. 그리고 곧이어 뒤따라 나오는 말이 있는데, 이 말 때문에 다시 안 하는 상황은 쉽게 오지 않는다.

"본전만 찾으면…."

주식 시장의 영향권 내에 한 번이라도 발을 들인 사람은 그 강렬한 중력에서 쉽게 빠져나오지 못한다. 마치 행성을 떠나지 못하는 위성처럼 그 주위를 맴돌게 된다. 하락기에 쓴맛을 보고 상승기에 회의적인 시선을 보내다 절정기에 뛰어드는 이 과정은 무한궤도와 같다.

주식 시장을 떠나지 못하는 나,
궤도를 벗어날 수가 없구나...

—— 떨칠 수 없는 '본전' 생각

손실이 나면 으레 드는 생각이 본전 생각이다. '오를 것 같다'는 느낌을 근거로 '내일 오른다'는 계획을 세웠건만 손실이 나다니, 가만히 있을 수 없다. 계획엔 없었지만 언제나 준비된 차선책인 '물타기'를 시작한다. 하지만 '물타기'가 거듭될수록 저 높은 곳의 수익을 향한 바람은 사라지고, 본전만이라도 챙기자는 간절함은 커진다.

주식 시장에서 본전을 찾는 일은 쉽지 않다. 이는 객관적으로나 경험적으로나 상당히 강한 어조로 확언할 수 있다. 우선 본전을 생각하고 있다는 건 아직도 부족하다는 반증일 가능성이 높다. 그동안 많이 잃어서 본전을 생각하고 있는 판국에, 앞으로는 딸 수 있을 거라는 믿음은 대부분 희망에 지나지 않는다.

도대체 그런 자신감은 어디서 나오는지, 내 몸 구석구석을 아무리 찾아봐도 알 수가 없다. 그런데도 어디선가 자꾸 샘솟는다. 나도 희망적으로 보고 싶다. 하지만 뜻대로 되지 않는 상황을 수차례 겪고 보니, 어느 순간 더는 부정할 수 없게 돼버렸다.

구체적으로 들어가면, 본전을 찾는 사람들에겐 두 가지가 없을 확률이 높다.

첫째로 원하는 수익률과 감당할 손실률이 없을 가능성이다. 수익과 손실의 구간, 혹은 주가에 영향을 미치는 요소들을 어느 정도 산정한 상태라면 본전을 기다리지 않는다. 수익이든 손실이든 확정을 지을 뿐이다. 애초에 '본전치기'라는 시나리오는 존재하지 않는다는 얘기다. "나 본전치기하려고 주식 시작했어!"라는 사람을 아직까진 본 적이 없다.

둘째로 여유가 없을 가능성이다. 사실 이건 가능성이라기보다

팩트라고 보는 게 맞다. 여유롭기 힘들다. 손실에 따른 빈자리 탓에 몸과 마음이 하염없이 나부낀다. 집중하기도 힘들고 진득하기도 힘들다. 천재일우로 어쩌다 본전이 돌아오고 있어도 알아보지 못할 정도다. 비록 개미이지만 마음만은 베짱이일 필요가 있는데, 주식을 하면서 여유를 갖는다는 건 세상 어려운 오만가지 중 단연 으뜸이다.

10만 원이든 100만 원이든 손실이 나면 아깝다. 개인마다 그 기준이 달라 뭐라 말할 수는 없지만, 아주 적은 금액이라도 나의 신경을 긁고 있다면 뭔가 잘못돼가고 있다는 신호다. 이럴 땐 공부를 더해서 믿음을 쌓든 비중을 줄여 부담을 덜든 어떤 조치라도 취해야 한다. 이런 조치 없는 시간이 길어지면 길어질수록 '한 방'의 유혹이 슬그머니 옆자리에 앉아 넌지시 말을 거니까.

본전 심리 뒤에 자연스레 따라오는 것이 한 방 심리다. 보통은 이것 때문에 상황이 더욱 나빠진다. 투자금의 크기만큼 여유는 사라지고, 한 방을 향한 시도로 인해 한 방에 가버리는 결과를 낳기도 한다.

—— 본전을 향한 발악, '한 방'

▲ 한 방의 시각화 – 과연, 진짜 한 방에 가능할까?

잊을 수 없는 2017년 4월 4일의 일이다. 삼성전자의 하만 인수로 촉발된 전장(전기/전자) 테마. 이것으로 대선 테마주가 주었던 아픔을 조금이나마 치유받고 싶었다. 그래서 무척이나 조급했으며 성급했다. 연일 상한가를 찍은 아남전자를 바닥에서부터 네 배 넘게 오른 상황에서 샀다. 딱 10%. 10%가 목표였다. 그동안 수백 %가 올랐기에 소박하게(?) 10%만 더 올라주면 되는 일이었다. 하지만 결과는 -10%. 혹 떼려다가 되레 혹을 붙였다.

당시 문제는 100만 원의 추가 손실이 아니었다. 정치 테마주로 인해 800만 원을 잃은 후, 100만 원은 적게 느껴지는 심리와 쓰린 속과는 다르게 뭔가 내성이 생겨버린 마음 상태가 진짜 문제였다. 걱정은 되면서도 또 다른 한 방이 있을 거라는, 이렇게 잃으면 이렇게 딸 수도 있을 거라는 말도 안 되는 자기 위로를 했다는 게 소름 끼치는 사실이다.

코로 들어가는 밥도 애써 웃으며 삼킬 수 있는 멘탈을 장착한 그 날 이후, 커지는 손실을 단번에 만회하려는 수많은 한 방 시도가 있었다. 하지만 내가 내뻗는 한 방 한 방은 미약하기 그지없었고, 너무 크게 휘두르는 바람에 활짝 열린 가드 사이로 수많은 주먹이 날아들었다.

그리고 잽 한 방에도 버티지 못해 걸핏하면 녹다운되고 마는 상황이 됐다. 갈수록 커지는 두려움에 스스로 흰 수건을 집어 들지 않았다면, 아마도 난 그 한 방의 구렁텅이에서 아직도 헤매고 있을지 모르겠다. 아니, 널브러져 있었을 거라 확신해도 될 듯하다.

한 번의 성공으로 인생이 뒤바뀔 것 같은 상상을 하곤 한다. 이번 한 번만 제대로 하면 새로운 길이 열릴 것 같은 느낌. 주식 시장에 발을 담그고 이것저것 보다 보면 하루에도 수십 번씩 하게 되는 자연스러운 상상이다. 그런데 과연 한 번의 성공으로 인생을 바꿀 수 있을까? 한 방을 꿈꾸며 원대한 계획을 세우던 수많은 영화 주인공의 대사가 떠오른다.

"이번이 진짜 마지막이야. 이번 한 번만 크게 한 건 하면…."

그리고 기억을 더듬어 본다. 그렇게 해서 좋게 끝나는 영화가 있었던가? (…)

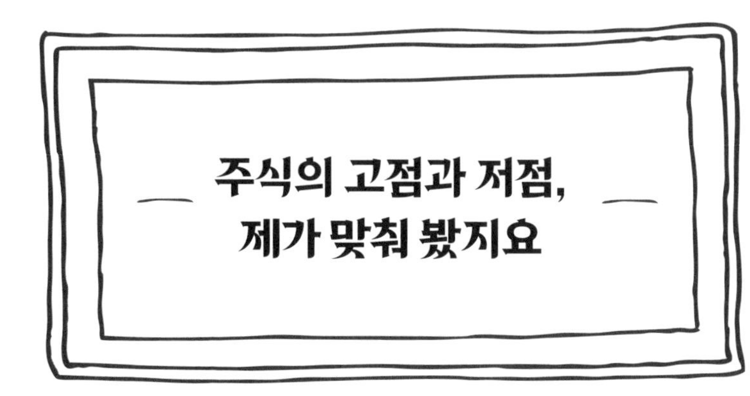

주식의 고점과 저점, 제가 맞춰 봤지요

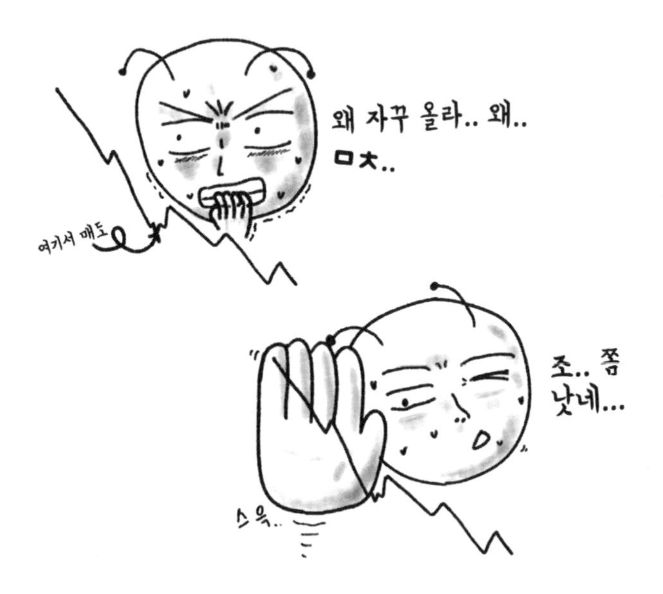

투자자 필수 아이템. 정신승리

주식의 최저점과 최고점을 보고 한탄하는 일이 많다. 그럴 때면 저기서 사서 여기서 팔았으면 좋았을 거라는 자동반사적 멘트를 읊조리게 된다. 결코 쉬운 일이 아니란 걸 알면서도 차트를 보면 그런 마음이 그냥 생겨난다.

바닥과 꼭지의 이유도 명확해 보이고, 기술적 분석으로도 의미 있어 보이는 신호들이 눈에 들어온다. 그리고 그걸 미리 알지 못한 나는, 나의 부족함을 한숨으로 메워 넣으며 다음에는 반드시 맞춰 보리라 마음먹는다.

이룰 수 없는 그런 바람은 종종 반대의 경우로 이뤄지곤 하는데, 하루하루의 등락을 맞추려는 나의 시도가 그런 상황을 기막히게 만들어 냈다. 최고점 부근에서 사서 최저점, 정확히는 상장 폐지까지. 그 기나긴 시간을 고스란히 만끽(?)했다.

—— 수익이 가져다준 아쉬움

2017년 중순, 풍력과 태양광 투자로 수익을 냈다. 정치 테마주에 빠져 허우적거리다가 겨우겨우 빠져나와 정신을 가다듬은 지 얼마 되지 않았을 때다. '역시 근본이 있는 주식에 투자해야지' 하는 뿌듯함이 일었다. 장래성이 보장된 듯한 신재생 에너지 사업은 상당히 매력 있어 보였고, 길고 묵직하게 투자해볼 요량이었다.

하루걸러 하루 주가가 올랐다. 며칠 만에 15% 안팎의 수익이 잡히자 처음의 계획과는 다르게 고민이 시작됐다. 자주 손끝이 간질거렸고 수익을 확정 짓고 싶은 마음이 자꾸 나를 건드렸다. '어제 팔고 오늘 다시 샀으면…', '어제 더 사고 오늘 팔았어야 했는데…' 절대 불가능하다는 그 일을 '나만은' 할 수 있을 것 같은 느낌적인 느낌이 밀려 왔다.

잘 고른 주식이 오르락내리락하며 우상향하는 가운데 결국 나의 홀짝 게임이 시작됐다. 매일의 등락을 맞출 것 같은 기분에, 빠지는 날 사고 오르는 날에 판다는 아주 단순하고 명확한 계획을 실행했다. 종종 맞아 들어가는 예측. 역시 완벽한 계획 앞에 장사 없다는 생각이 들었고, 정치 테마주로 한껏 부풀었다 꺼져버린 어깨에는 다시 바람이 들기 시작했다.

역시 나의 종목 선정은 탁월했다. 해당 종목들이 대시세를 분출하며 매일같이 신고가를 경신하기 시작했다. 그리고 나는 웃었다, 허탈하게, 매우 허탈하게. 지붕을 쳐다보는 닭 쫓던 개, 아니 개미가 되어서….

— 완벽한 계획 덕입니다만

주식이 본격적으로 시세를 분출하는 시점에서 내 주식계좌엔 해당 종목이 남아 있지 않았다. 너무나도 당연한 결과였다. 대시세를 분출하기 전에 꾸준히 오르던 주식을 계획대로 팔다 보니 어느새 모두 수익을 실현한 탓이었다. 완벽한(?) 계획으로 따낸 결과는 왠지 모르게 씁쓸했고, 모처럼 이행한 실천은 못내 아쉬움을 남겼다.

이 멋진 종목을 이대로 떠나보낼 순 없었다. 그래서 기다렸다. 기다리면 다시 내려올 거라 믿었다. 하지만 "기다리는 조정은 오지 않는다."는 증시의 격언은 이럴 때만 너무 잘 들어맞았다. 매일 같이 신고가를 써나가는 종목, 내 것이었으나 이제는 내 것이 아닌 주식은 그렇게 멀어져만 갔다.

입이 마르고 속은 타들어 갔다. 그리고 며칠간 바라보다 참지 못해 결국 다시 산 나는, 며칠간의 뿌듯함을 뒤로 한 채 몇 달간의 후회를 맛봐야 했다. 얼마 후 다다른 고점엔 사나운 개가 있었고, 나를 꽉 물고서는 긴 기간 동안 놓지 않았다. 맞다. 물렸다. 입이 더 마르고 속은 더 타들어 갔다.

아무리 기다려도 내리기만 하는 주식. 여기가 바닥일지도 모른다는 생각에 팔 수 없게 된 나는 결국, '없는 셈 치고'라는 결단을 내려버렸다. 이는 체념 반 희망 반의 환상적인 조합으로, 인정할 수 없는 나의 실패를 묻어버리는 데 탁월한 효과를 발휘했다. 주식은 원래 장기 투자라며, 참고 기다리는 자에게 복이 온다며, 그렇게 불편한 마음을 주식과 함께 묻어버렸다. 손실이 -30% 밖에(?) 되지 않을 때였다.

그러던 중 태양광 종목에서 예고에 없던 상장 폐지 소식이 들려왔다. 2018년 3월 27일의 거래 정지 공시. 어디선가 기업이 상장 폐지되어 망연자실했다는 소식을 접할 때면 어떻게 그럴 수 있는지 의아했는데, '없는 셈 치고'가 그걸 가능하게 만들었다. 감사의견 거절로 상장 폐지 위기에 처한 주식. 그렇게 없는 셈 쳤던 주식은 정말 없는 것이 되어 버렸고, 9,200원대의 고점 매수와 220원의 저점 매도라는 처절하게 경이로운 역사를 새기게 했다.

—— 지나고 나서야 알게 되는 것들

저점 매수 고점 매도라는 환상적인 이야기는 모든 일이 지나고 나서야 완성되는 '소설'이다. "여기서 사서 여기서 팔아 행복하게 살았습니다." 차트에 수놓아진 이야기가 그렇게 아름다울 수 없다. 비록 소설 속 주인공은 매번 내가 아니었지만.

'바닥'과 '꼭지'라는 것이 시계열을 줄이거나 늘려서 보면 제법 난해하다. 도대체 어디가 바닥이고 어디가 꼭지인가. 나는 어떤 바닥과 꼭지를 잡을 수 있을까. 알 수 없는 일이다. 오로지 정해진 구간을 지나고 나면 뒤늦게 확인할 수 있다.

엄청나게 떨어지고 엄청나게 올랐다는 침체와 호황의 다채로운 국면에서도 넓혀 놓은 시계열 속의 얕은 홈과 뾰족하게 솟은 부분은 최저점과 최고점이 아니었다. 삼성전자 주식의 꾸준한 상승에서 바닥은 과연 어디일까. 현재의 역사적 고점이 영원히 최고점으로 남아 있을까. 이 또한 알 수 없는 일이다.

저 높은 고지에 올라선 테슬라 같은 주식을 목이 아프도록 올려다보는 일은 이만하면 됐다. '사고 나서 후회할까 봐', '사지 않아 후회할까 봐', 이런 마음의 고통이 싫었던 각자의 선택이 다른 결과를 가져왔을 뿐이다. '없는 셈 치고'라는 결단은 이럴 때 하는 것인데… 미처 알지 못했다.

주체하지 못하는 욕심은 나처럼 꼭대기에서 내달려 바닥에 처박히는 경험도 하게 만든다. 당연히 아프다. 그리고 그 아픔의 시발점은 명백하게 욕심이었다. 이 녀석이 매번 투자를 위협하고 종종 아프게 한다. 아, 버리고 싶은데 너무 가깝다. 그래서 투자는 계속된다.

내 앞에 다음을 위한 또 다른 선택지가 놓인다. 이는 여러 개 중에서 하나를 잘 선택해야 하는 시험이 아니다. 어떤 선택을 하든 그 결과에 적당히 만족할 수 있는지에 대한 시험이다. 이번에야말로 컵에 담긴 절반의 물을 보며 아쉬워하기보다는 만족을 느껴야 할 때다.

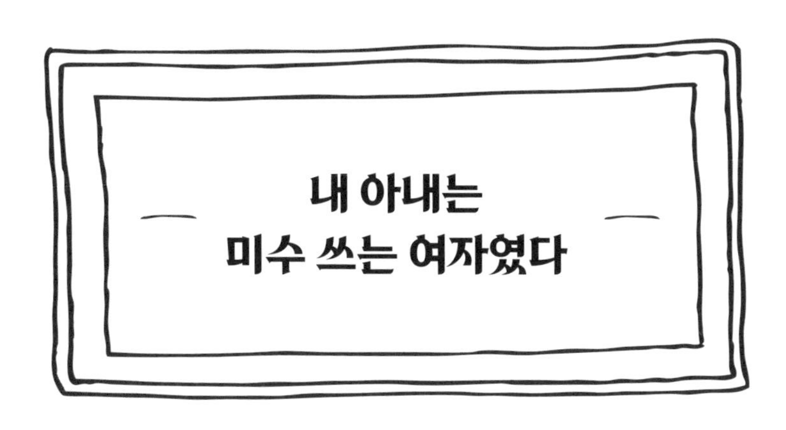

내 아내는 미수 쓰는 여자였다

2020년 3월 초, 코로나19 발생 이후 흔들리던 주가가 폭락 장세로 돌아섰다. 용빼는 재주가 있어도 이 난국을 벗어나긴 힘들어 보였다.

—— 카카오뱅크가 먹통이 되다니

12년간 조정다운 조정이 없었던 미국 증시마저 심하게 흔들렸다. 한 달이 채 지나기도 전에 주가는 고점 대비 37%가량 떨어지며 역대 신기록을 수두룩하게 써냈다. 당시 각국의 주가 폭락률과 하루 변동폭은 볼 때마다 놀라웠다. 이전엔 2%만 떨어져도 폭락이라고 했는데 하루 3% 떨어지는 건 그냥 소소해 보일 정도였다. 그 정도로 전 세계 주식 시장은 정신 못 차릴 정도로 어수선했다.

2019년과 2020년 초에 거두었던 수익도 반납하고 나름 '분할매수'라며 물타기를 했다. 이것도 지나갈 거라는 믿음으로, 불안한 마음에도 우직하게 견뎌냈다. 문제없는 기업들, 전망이 여전히 좋은 기업들의 주식을 팔 이유가 없었다. 손실이 나날이 불어났지만 잘 버텨볼 요량이었다. 주변 사람들의 그 대화를 듣기 전까지는.

"대출을 받으려는데 카뱅 접속이 안 되네…."

"나도 아까부터 안 되더라고…."

지금 대출이라도 받아 주식을 사자는 모습이 여기저기서 관찰됐다. '이런… 아직 바닥이 아닌가 보다.' 아직은 두려움을 말하는 이가 없었다. 그 두려움 없음이 나를 두렵게 만들었다. 그래서 다음 날 반등 때 반 이상을 덜어냈다.

— 대나무인 척했던 갈대

손실을 확정 짓고는 스스로 우직하다고 격려하면서 미련스럽게 참아내던 내게 많이 속상했다. 결국 이렇게 팔 걸, 불안해하면서 그렇게 버틴 건가 싶었다. 투자 신념이니 정석 투자니 하는 위안으로 스스로를 도닥였는데, 결국 '그런 거 다 모르겠고, 더 떨어질 것 같아서' 팔았기에 아쉬움은 더 컸다. 도대체 투자의 귀재라는 워런 버핏은 어떻게 그 긴 기간을 버텨냈을까. 세상 유명해지는 데엔 다 이유가 있나 보다.

폭락에 폭락. 종목 기준으로 심한 것은 판 시점에서 30%나 더 떨어졌다. 운이 좋았다. 팔았는데 오를까 봐 불안했던 마음은 폭락을 바라보며 안도감으로 변했다. 그리고 '기준을 지키지 못해 속상해하던 나'는 어느새 사라지고, '예측력과 결단력이 뛰어난 나'만 남아 슬며시 웃고 있었다. 사람 마음 참….

하지만 그런 마음도 잠시, 이제는 정말 바겐세일이라며 주식을 담고 있던 중 아내에게서 연락이 왔다. 가지고 있던 돈으로 주식을 샀다고… 너무 많이 떨어진 것 같아서 '그냥' 샀다고 했다. 기분 좋게 매수를 하고 있던 나는 또다시 두려워졌다. 그리고 한 번의 폭락이 더 있을 것 같다는 느낌에 다음 날 다시 팔았고, 이후의 급격한 상승을 한동안 그냥 보고 있어야만 했다.

사람은 소유에 따라 생각한다고 했던가. 잔뜩 들고 있을 땐 긍정적인 이야기만 들리더니, 1억 7천만 원의 비중을 5천만 원으로 대폭 줄이고 나니 부정적인 목소리에 고개가 더 끄덕여졌다. 매수 버튼에 쉽사리 손이 가질 않았다. 그렇게 한 주가 지난 후, 나는 판 시점 언저리에서야 어렵사리 매수를 시작했다.

—— 편안함을 위한 특단의 대책

마음이 편할 리 없었다. 바보라는 말이 절로 나왔다. 따지고 보면 별반 다르지 않은 결과임에도 마치 더 큰 손해를 본 것 같은 느낌이었다. 우연찮게 맞았던 한 번의 예측에 취해 다음도 맞출 수 있을 거라 생각했고, 어리석게도 주가의 발바닥을 잡으려 했다.

중요한 것은 기준이었는데 이를 돌아볼 여유가 없었다. 빨리 어떻게든 해보려 안간힘을 쓰다가 눈앞의 변동에 흔들렸던 실책이었다. 여기엔 과도한 레버리지로 인한 조급함도 있었으리라. 기회라는 생각에 다소 무리했고, 그로 인한 초조함은 결국 이성을 마비시켰다.

쉽게 흔들리는 내겐 특단의 조치가 필요했다. 몇 날 며칠을 자책과 반성으로 보내며 곱씹어 봤다. 뭐가 문제였을까. 얼마 지나지 않아 한 결론에 도달했고 아내를 끌어들였다. 함께 투자해보자고, 아무래도 혼자서는 안 되겠다고 고백했다. 그러고는 길게 보고 함께 가자며 주방에서 결의를 맺었다. 다시 하락이 시작될까 불안해하던 마음이 편해진 것은 이때부터였다.

단순했던 두 가지 약속은 실로 효과적이었다.

첫째, 함께한다. 이는 무리하지 않기 위함이다. 내가 허황된 이상에 현혹될 때, 아내가 현실감 있게 잡아준다. "그게 되겠어요?"라는 말은 투자 검토에 많은 도움이 된다. 그리고 무엇보다 책임을 분산시키는 효과도 있다. 혼자 하다 잘못돼서 받게 될 원망의 위험을 줄일 수 있다는 건 아주 큰 메리트다. (웃음)

둘째, 시나리오를 '완결' 짓는다. 아무리 많은 공부도 줏대 없음 앞에서는 무용지물이었다. '이랬다저랬다'는 1도 도움이 되지 않았다. 매수를 결정한 시점에서부터 가능한 시나리오를 만들고, '최대한' 기계적으로 시나리오를 수행한다. 시나리오 수정은 있을지언정 '미결'은 있을 수 없는 거다. 비자발적 장기 투자자는 이제 졸업할 때가 되었다.

—— 함께하는 편안한 길

그날그날의 주가를 보며 불안과 안도라는 냉탕과 온탕을 수시로 오갔다. 냉탕과 온탕에 번갈아 몸을 담그면 튼튼해진다고 하던데, 주가지수를 보며 오갔던 냉탕과 온탕은 심신을 지치게 만드는 일이었다.

처음 맛보는 격동의 드라마로 힘들었으나 배운 것도 많았다. 무엇보다 마음이 편해야 한다는 것과 나란 인간은 누군가가 옆에서 함께해 줘야 한다는 것. 혼자일 땐 쉬이 흔들리고 불안했는데 아내라는 투자 동반자가 있으니 지금은 마음이 한결 편안하고 든든하다.

누군가는 단 몇 주 만에 몇 배의 수익을 냈다는 주식 시장에서 한참이 지나고 나서야 겨우 손실을 메웠지만, 움푹 들어갔던 마음과 정신의 스크래치는 확실히 희미해졌다. 그리고 덕분에 웬만한 등락에도 크게 동요하지 않을 수 있는 나름의 대비책과 투자 동반자도 얻었다.

투자 파트너가 된 아내가 물어볼 게 있다며 어느 날 카톡을 보내왔다.

"미수금이 있다고 50만 원 입금하라는데요…?"

알고 보니 폭락장에서 '줍줍'하다 자신도 모르는 사이에 미수로 주식을 사버린 거였다. 옛말에 잃는 게 있으면 얻는 게 있다더니. 큰 수익의 기회를 잃고 미수 쓰는 대담한 투자 동지를 얻게 될 줄이야! 그런데 어찌 된 일인지 놀라 허둥대는 아내의 모습에 다시금 마음이 든든해진다. 함께하길 참 잘했다.

두 번째 이야기

화장을 지운 주식 투자의 민낯

쪽대본 난무하는 막장 드라마에 출연하고 있습니다

모두가 분주히 움직이는 드라마 촬영장에 1분 1초가 멀다 하고 쪽대본이 날아든다. 수시로 날아드는 쪽대본 탓에 정신이 없는 연기자들. 날리는 대본을 손에 쥔 사람이 갑자기 실신하고, 누군가는 나무에 살짝 부딪히더니 입가에 점을 찍고 복수를 다짐한다. 막장의 끝 간데없는 이 드라마는 바로 17세기부터 1초도 쉬지 않고 절찬리에 방영되고 있는 '주식 시장'이다.

이 드라마가 특이한 것은 누구나 배우로 참여할 수 있다는 사실이다. 이 초대형 드라마에선 한 나라의 대통령도 평범한 어린아이도 배우로 맹활약할 수 있다. 가끔은 대통령의 스캔들이 전 세계 주가를 들썩이게 만들고, 평범한 한 사람의 묵직한 발언이 큰 파장을 일으켜 새로운 국면을 만들기도 한다.

오늘도 '막장'에 혼란에 빠진 배우들

나 역시 이 드라마에서 지나가는 행인 534892567번 역할을 맡아 맹활약 중이다. 이게 아주 세심한 '메서드 연기'라 눈에 잘 띄진 않지만, '주식 시장'에서 절대 없어선 안 될 개미의 역할을 착실히 해나가고 있다.

— 쪽대본과 발연기

쪽대본은 다양한 방식으로 날아든다. 트위터, 외신, 유튜브, 증권사 리포트, 증권가 찌라시, 옆 사람의 혼잣말, 그 옆 사람의 탄식 등 그 형태와 종류도 천차만별이다. 일일이 대응하는 일이 쉽지 않다. 이를 받아든 사람마다 하는 행동이 모두 달라 어떻게 해야 하는지도 분명치 않다. 게다가 이 쪽대본이 언제 어디서 날아올지 알 수 없는 그 타이밍 때문에 어려움은 더욱 커진다.

그래서인지 이곳에서는 실시간 연기 지도자도 있다. 주식 전문가라는 사람이나 '퀀트(quant)'라는 주식 알고리즘 등이 그것인데, 각각의 쪽대본에 어떤 식으로 리액션을 취하면 좋은 연기로 거듭날 수 있는지를 앞다퉈 제공한다. 참으로 고마운 지도 편달이다. 그런데 문제는 어설픈 흉내 내기 탓에 '발연기'를 하게 된다는 사실이다. 안 그래도 어설픈데 더는 봐줄 수 없는 지경에 이르기도 한다. 이론과 실제의 간극이 큰 세계다.

다른 나라 대통령의 트위터 한 방에 주식계좌가 녹아내리면, 적당한 비명을 지르며 어딘가에서 물을 길어와 그 주식계좌에 들이붓는다. 이상한 전개다. 아침에 발간된 종목 리포트에 해당 기업의 주가가 꿈틀대기라도 하면, 초조한 마음으로 매수 버튼을 누를지 말지를 〈햄릿〉의 한 장면처럼 연출한다.

"To buy, or not to buy. That is the question! "

(살지 말지 그것이 문제로다!)

아무리 봐도 비극이라기엔 장르가 애매하다.

이런 연기 사이사이에 '진작 팔걸', '그때 샀어야 했는데'라는 독백 연기는 필수다. 이 바닥에서 이 연기만큼은 누구나 수준급이다.

나도 그런 역할에 심취했었다. 주식 초보답게 허황된 꿈을 꾸는 개미 4359803번도 되어 보고, 비자발적 장기투자 개미 1283043번도 되어 봤다. 매 순간 날아드는 쪽대본을 어떻게든 소화해보려고 했던 역할 변화였다. 누가 지시한 것도 아닌데, 때마다 "이번만은 반드시!"라며 연기에 몰두했다. 그땐 그게 최선이었고, 더 잘할 수 있는 유일한 방법이라 생각했다.

결과적으로 마냥 최선을 다한 일은 오히려 독이 되었다. 시시각각 들려오는 소식에 착실히 흔들렸고, 그 흔들림으로 많은 것을 떨어뜨렸다. "그 후 개미는 오래오래 행복하게 살았습니다."라는 결말을 바라며 참여한 드라마에서 우여곡절과 시련을 겪었다. 당연하게도 만만하게 봤던 '천의 얼굴'은 고사하고 마음만 앞선 '발연기'만 남발했다.

— 연기 변신

'주식 시장'이란 드라마에선 아무것도 하지 않아도 된다는 걸 몰랐다. 뭐라도 해보려고 이리저리 뛰어다녔는데, 남은 거라곤 한껏 꺼져버린 기대와 움푹 파여버린 다짐뿐이었다. 멋진 연기를 선보이고 싶었는데, 발연기라 그런지 도저히 감당할 수 없었다.

이 희대의 막장 드라마는 누구 하나쯤 연기를 그만둬도 보란 듯이 흘러간다. 영혼을 끌어모아 최선을 다하든, 적당히 눈치껏 흉내만 내든 상관하지 않는다. 게다가 연기자 스스로 장르와 포지션도 정한다.

누군가는 인생 한 방을 꿈꾸는 극적인 인물을, 다른 누군가는 소소한 일상을 영위하는 심심한 인물을 열연한다. 그러다 한순간 장르와 포지션을 바꾸기도 하는데, 그래도 이야기는 흘러간다. '막장'이 가지는 엄청난 유연함이다.

그래서 나도 연기 변신을 시도했다. 감당할 수 없는 빠른 호흡과 묵직한 긴장감을 소화하기보다는, 조금은 느리고 답답해도 느긋한 한량으로 거듭나려 노력했다. 대단한 변신이 아님에도 이를 위한 과정은 만만치 않았다.

온갖 소식과 주가의 변동을 한량처럼 대하기 위해선 주식 비중을 대폭 줄여야 했다. 쉬운 일이 아니었다. 수익과 손실을 확정 짓는 일은 막 끓인 남의 라면을 한 입만 먹거나, 내 라면을 한 입 빼앗기는 것처럼 아쉬움이 남는 일이다.

그런 내 연기 변신은 사뭇 심심하다. 직장을 다니고, 육아도 하고, 아침저녁 짬짬이 주식창을 들여다본다. 떨어지면 떨어졌구나, 오르면 올랐구나. 여전히 독백 연기에는 충실하지만, 주식에서만큼은 한량이기에 동요하지 않으려 애쓰고 있다. 다행히 이 밋밋한 리액션에도 '주식 시장'은 별다른 지적을 하지 않는다. 그저 그런 배우로 나를 인정해준다.

가까운 누군가는 그런 식으로 연기하면 안 된다며 액션물도 하고 스릴러물도 다시(?) 해야 한다고 조언 아닌 조언을 해주지만, 다행히 아직까진 현역으로 활동 중이다. 이게 잘하고 있는 일인지는 한참이 지나서야 알게 될 테지만, 이전보다 편안해진 지금 상황에 제법 만족하고 있다.

오늘도 쪽대본이 마구 날아든다. 정치인의 말 한마디, 대기업 CEO의 선언, 그리고 여기저기서 들리는 수많은 소식들이 이리저리 흩날린다. 저 멀리서 환호성이 들리고, 내 옆을 지나는 사람의 한숨은 더욱 깊어진다. 그리고 나는 꽃비 속을 거닐 듯 흩날리는 수많은 쪽대본 속을 유유히 걸어간다.

오늘도 행인 534892567번의 역할에 충실하면서, 잘리지 않을 정도의 감정선으로 밋밋한 연기를 이어간다. 눈에 띄지 않는 나의 메서드 연기가 "그 후로 개미는 별 탈 없이 오래오래 잘 살았습니다."로 맺어지길 바라면서.

진짜 드라마라면 사선을 넘나드는 〈오징어 게임〉에도 도전하고 싶지만, 삶에선 잔잔하고 길게 가는 〈전원일기〉 같은 드라마가 아무래도 나으니까.

주식 투자는 맛집에 줄 서는 것과 같다

내게 있어 주식 투자는 맛집의 긴 대기 줄에 서 있는 것 같은 느낌이다. 하도 맛있다기에 줄은 서는데 자꾸 걱정된다. 진짜 맛은 있나? 조금 맵다던데…. 난 매운 거 잘 못 먹는데…. 그런데 얼마나 더 기다려야 하지? 심지어 이런 궁금증이 일기도 한다. '근데 여긴 뭐 파는 데지?'

유명하다기에 먹어보고 싶긴 한데, 이게 영… 마음이 편치 않다. 당연히 자꾸만 엉덩이가 들썩인다. 그리고 이 편치 않은 마음은 기다림의 시간이 길어질수록 더해간다. 잘 모르기 때문에 생기는 불안함이다.

연애 시절에 나는 긴 줄 따윈 서지 못했다. 적성에 맞지 않아서였다. 그래서 김밥이 산다는 천국에 자주 갔다. 그곳은 기다리는

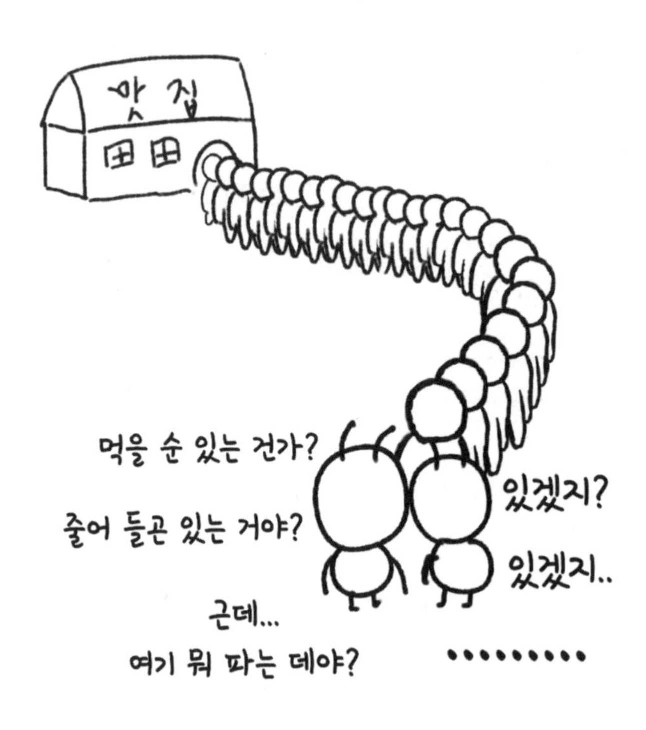

시간이 없었다. 그러다 보니 천국으로 가는 직행 코스를 두고 한 시간씩 기다리는 선택을 하기란 좀처럼 쉽지 않았다.

그런데 어째서인지, 주식에서만큼은 잘 몰라도 맛을 보장한다는 말에 줄부터 서고 봤다. 그 맛집이 뭘 파는지, 대략 얼마나 기다려야 내 순서가 올지도 모르면서 말이다.

길을 가다 우연히 만난, 긴 줄이 늘어선 맛집에 대해서는 줄을 서고 나서라도 알아본다. 뭘 파는 곳인지, 메뉴에는 뭐가 있는지, 대기 시간은 얼마나 되는지, 만족도는 어느 정도인지 알아보고 가늠해본다. 하지만 누군가 추천하는 종목 맛집은 아무 생각 없이 기다렸다. 줄을 섰으면 알아봄직도 한데, 맛있다는 얘기와 먹을 수 있다는 막연한 희망에 무턱대고 기다렸다.

결국, 그 맛집의 매력을 잘 모르기 때문에 기다림은 힘들다. 욕심만 있지 기다릴 의지가 없다. 기다림의 끝에 있을 만족감을 가늠할 수 없으니 기다림이 차츰 의미 없어 보인다. 그러다 결국 줄에서 이탈해 다른 곳을 기웃거리다가 먹고 나온 사람들의 찬양에 뒤늦게 다시 줄을 선다. 이미 늦었다.

― 기다림이 모든 걸 보장하진 않는다

주식 시장의 수익은 맛집의 줄처럼 시간이 갈수록 줄어든다는 보장이 없다. 그러다 보니 기다린 시간이 아까워 더 기다리게 되는 경우도 허다하다. 게다가 갑자기 폐업 소식이 들려오기도 한다. 천연 조미료만을 고집하는 맛집이라고 들었는데, 먹다 남은 음식을 재활용해왔단다. 시간이 지나도 줄이 줄어들지 않은 이유가 있었던 거다. 정말 환장할 노릇이다.

성공적인 펀드매니저였던 피터 린치는 "보유 중에 신경을 꺼도 되는 종목은 이 세상에 존재하지 않는다."고 했다. 투자한 종목에 언제나 관심을 기울여야 한다는 이야기다.

하지만 나는 횟집에서 돈가스를 팔기 시작하고, 자장면에 야키소바까지 메뉴로 등장하는 것을 보고도 아무 생각이 없었다. 먹고 나온 손님들의 어정쩡한 반응을 보면서도 기다린 게 아까워 무시했다. 그러곤 바로 앞에서 간판을 떼어내는 것을 보면서도 끝끝내 자리를 지켰다. 이런 쓸데없는 의리의 보답은 다름 아닌 손실이었다.

—— 의미 있는 기다림이란

학창 시절에 유일하게 줄을 섰던 가게가 있다. 명동에 있던 크리스피 도넛이다. 불이 켜지면 시식용 빵을 나눠줬던 이 가게는 오가다 들르는 참새의 방앗간과 같았다. 대기 줄이 어느 정도이면 무사히 시식용 빵을 먹을 수 있는지, 혹시 못 받더라도 최대 몇 분을 허비하게 되는지, 그리고 그 시식용 빵을 받아들었을 때의 만족감은 어느 정도일지 누구보다 잘 알고 있었다.

기다림이 불안하지도 않았고, 지치지도 않았다. 딱 보면 늦었다는 판단도 가능했고 다음에도 기회가 있다는 확신이 있었기에 그리 조급하지도 아쉽지도 않았다. 기다림은 어느 정도의 기준이 있을 때 의미가 있고 억울하지도 않다.

모두가 우호적으로 평가하는 맛집에 줄을 서는 것도 좋은 전략일 테다. 맛집인 데에는 다 이유가 있기 마련이다. 아무것도 모른 채 무턱대고 기다리지만 않는다면, 이 괜찮은 전략이 최악의 전략으로 전락하진 않는다. 하지만 이 또한 어렵다. 최선은 과정의 충실이지 결과의 보장이 아니기 때문이다. 실망은 언제나 있을 수 있다. 울화통이라는 마음의 병이 생겨나는 수만 가지 이유 중 하나다.

어렵다는 걸 인정하는 순간부터 차분해진다. 그냥 무턱대고 기다리면 될 것 같지만, 주식 투자는 생각보다 단순하지 않다. 안달이 나는 이유는 뭐라도 할 수 있을 거라는, 믿을 게 못 되는 믿음 때문이다.

아직은 의욕만 앞선 아이의 모습에서 용기를 찾기보단 무모함을 걱정해야 할 때다. 아이가 하나씩 배워가며 차분한 청년으로 커가듯, 주린이인 나도 많은 경험과 꾸준한 배움을 통해 주식 청년으로 거듭나길 소망해 본다.

'우량 종목에 장기 투자하세요',
나만 안 되는 건가?

장기 투자에 대한 막연한 찬양에 혹했다. 그래서 해봤다. 우리은행 주식을 1년간 보유하고 −20%의 손실을 목도했다. 응? 분명 장기간 보유한 것 같은데 뭔가 이상했다. '1년은 장기가 아닌가?' 그래서 2년을 보유했다. 손실이 −50%로 늘어났다. 회사의 이익은 점점 좋아지는데 이해할 수 없었다. 이거, 혹시 평생 들고 있어야 하는 건가?

"우량 종목에 장기 투자하세요!"

나도 그러고 싶다. 그런데 말만 쉽지, 이게 여간 어려운 게 아니다. 내게 장기 투자가 어려운 이유는 이렇다. 우선 긴 안목이 없다. 어느 기업이 먼 훗날에 우뚝 서 있을지 모르겠다. 그러다 보니 확신도 빈약하다. 게다가 애초에 먼 훗날이 어느 정도를 말하는지도 모르는 상황에서 기약 없는 기다림에 지치기 일쑤다. 장기 투자해야 성공한다고들 하는데, 나… 괜찮을까?

—— 성공적인 장기 투자란

1년 정도 보유하고 50%의 수익을 냈던 풍력 관련주(씨에스윈드) 얘기를 안 할 수가 없다. 지지부진한 흐름을 참아내고 50% 수익에 대단히 만족해하며 팔았던 성공담…이면 좋겠지만, 진짜 이야기는 이후 몇 달 만에 다섯 배로 치솟아 내 배를 무지하게 아프게 했다는 데서 시작한다.

주가 차트가 그렇게 아름답게 그려질 필요가 있나 싶을 정도로 엄청난 상승을 했다. 그렇게까지 오를 거라고 누가 감히 예측이나 했을까. 1년간 50% 오른 후 단 세 달 만에 다섯 배라니. 배가 안 아플 수 없었다. 내 그릇이 이만큼인 걸 어쩌겠냐며 1년 동안의 노고에 위안 삼으려 했지만, 움켜잡은 배를 놓지는 못했다.

'모르긴 몰라도 그 깎아 지른 듯한 오름세에 많이들 팔지 않았을까?', '분명 그 가파른 상승을 이겨낸 것도 엄~청 쉽지 않았을 거야.' 아… 이런 자기 위안도 아픈 배를 위한 약손은 되지 못한다. 못 먹어서 아픈 배엔 약도 없다.

참 잘 버티면서 최선을 다했다고 생각했는데, 나름 긴 안목으로 장기 투자를 했다고 생각했는데 하다못해 100% 수익에 단 며칠이 부족했을 줄이야. 어떻게 해야 '더' 성공적인 투자를 할 수 있는지 여전히 모르겠다.

장기 투자에 대한 오해는 성공한 투자자들의 조언으로 생겨났지만, 정작 그들은 그것에 대한 구분이 없단다. 그저 장기적인 안목으로 보면 투자 판단이 대체로 명확해진다는 전제만이 있을 뿐이다. "지금보다 더 좋아질 수 있는가?" 꾸준히 되뇌는 이 질문 하나가 많은 것들을 조금 더 명확하게 만든다.

장기 투자는 기간을 길게 보고 투자에 임하는 자세라고 말한다. 장기 예측이 단기 예측보다는 논리적이고, 요동치는 단기 시세에 연연하지 않을수록 이길 확률이 높다는 것이다. 수긍이 간다. 그럴 수 있을 것 같다. 좋게 봤던 종목임에도 떨어지면 떨어지는 대로, 오르면 오르는 대로 불안했던 것은 단기간의 시세에 연연하며 길게 보지 못했기 때문이다.

하지만 이미 고백했듯이 긴 안목이 없는 내게는 요원해 보일 뿐이다. 아쉽게도 공감만으로는 없던 안목이 생겨나지 않는다. 이를 위해선 부단한 노력이 필요하다는 것 또한 크나큰 걸림돌이다. 가능한 한 오래 보유하는 것과 동시에 믿음이 무너지진 않았는지, 알고 있던 사실이 거짓은 아닌지, 큰 그림이 잘 그려지고 있는지 확인하는 시간은 지난하고, 또 그리 만만한 것이 아니었다.

기다리는 건 아무나 할 수 있는 게 아니다. 주식 투자에서 종목의 수익 시기는 맛집의 대기 줄처럼 시간이 지날수록 줄어들지 않는다. 더 늘어나기도 하고 갑자기 폐업하기도 한다. 밥 한 끼 먹자고 기다리는 사람의 입장에선 여간 피곤하고 불안한 게 아니다. 그러니 '묻지마' 투자에 더해 '생각지마' 투자, 즉 근거 없는 존버를 병행하게 되는지도 모르겠다.

— 주식 시장에도 있는 '개취'

장기[끼] 투자

각자가 자신만의 강점으로 승부를 보는 바른 투자

사람마다 돈이 필요한 시기가 다르다. 어떤 이는 오늘을 위해 벌어야 하고, 누군가는 이달을 위해, 다른 누군가는 퇴직 후를 위해 벌어야 할 수도 있다. 이런 상황에서 수익의 필요시기는 중요한 기준이 된다. 자신의 타임라인에 맞는 투자 계획을 세우는 것이 먼저인 이유다.

장기 투자가 힘든 사람들이 많다. 그런데 장기 투자를 하지 않아 투자에 실패했다고 생각하는 사람들이 더 많다. 안타깝다. 꼭 그런 종목만을 기억하고 아쉬워한다. 분명 더 안 좋아진 기업도 있을 텐데, 장기간 오른 종목을 들먹이며 정답인 양 말하는 것은 어쩨 좀 궁색하다. 오른 것만 예로 드는 장기 투자 찬양의 허점이 여기에 있다.

삼성전자가 이렇게까지 오를 줄 알았다는 사람 손!! 적어도 내 주위엔 한 명도 없었다. 모두가 취향이 다르다. 개취는 주식 시장에도 존재한다. 이건 하나의 성향이기에 누구에게 강요할 것이 못 된다. 취향은 스스로 찾는 거다.

장기 투자를 권하는 것은 투자의 마음 자세를 권하는 것이라 볼 수 있다. 그러니까 기약 없는 수익의 시점을 어느 정도 길게 늘어뜨려도 괜찮은지에 대한 개인별 한계점, 즉 타임라인을 넓히라는 권유다. 단기간의 주가 예측보다는 가시성 있는 먼 훗날의 예측이 더 낫기에 근거 있는 기다림을 하라는 의미다. 그 마음 편함을 위해 어느 정도의 노력도 좀 하라는 부추김이기도 하고.

적당히 여유 있는 마음이 필요하다. 그래야 편하다. 맛집이라고 해서 왔는데 번호표도 나눠주지 않는 기다림에 지치지 않도록, 마냥 기다려도 그리 불안하지 않도록, 그리고 어느 정도의 기다림 후엔 아쉽지만 억울함 없이 자리를 털고 일어설 수도 있는 마음가짐이 필요한 거다.

나를 포함한 많은 이들이 한 시간뿐인 점심시간에 두 시간은 족히 걸릴 대기 줄에 서서 초초해 한다. 자신은 먹을 수 있을 거라는 희망에 기대고, 시간이 지나도 줄어들지 않는 줄을 보면서도 기다린 시간을 아까워하며 마냥 기다리다 결국엔 주린 배를 움켜쥐고 다급히 돌아가기도 한다.

자신이 열심히 하지 않아 줄이 줄어들지 않았고, 배가 고픈 것은 자신이 오래 기다리지 못해 받은 대가처럼 여긴다. 애초에 약속된 적도 없는 수익의 시점을 막연하게 잡아버린 데서 첫 단추가 잘못 채워졌음을 쉽게 알아차리지 못한다.

어떻게 그리 잘 아느냐고 묻는다면 답은 간단하다. 참 많이 해봤기 때문이다. 기대에 기댄 막연한 기다림은 허기지고 후들거리는 일이었다.

요즘 나는 희미한 가이드라인만을 따라다닌다. 종목별로 일정한 타임라인이 보이면 투자를 시작한다. 그 타임라인은 예정된 이벤트일 수도 있고, 언젠가 다가올 큰 물결일 수도 있다. 뭐든지 가까워지면 더 잘 보이기에 내가 알아볼 수 있는, 조금씩 내게 다가오는 무언가를 기준으로 삼는다.

그리고 귀찮아하면서도 정해둔 시나리오를 주기적으로 점검하고, 필요할 때 결정을 내린다. 물론 결정이 칼 같진 않다. 여기저기서 주워듣고 어설프게 세운 기준이라 그런지 지키는 것이 만만치 않다.

그런데 다행히 여기서 분할매수·매도가 빛을 발한다. 확신이 적으면 더 분할하고, 확신이 강하면 덜 분할한다. 이 기준도 어설프긴 하지만, 마음에 안정감을 제공하는 데는 더할 나위 없이 좋은 방법이다.

장기 자랑 무대를 보면 유행 중인 유사한 레퍼토리가 많이 등장한다. 하지만 그 속에서도 자신만의 강점으로, 자신이 그나마 제일 잘할 수 있는 것으로 승부를 본다. 주식 시장에서도 누군가가 추천하는 레퍼토리보단 자신이 잘할 수 있는 것으로 승부를 보는 것도 괜찮지 않을까.

급등주에 환장하던 내가 코인 투자는 못하는 이유

한때 나는 급등주를 추종하는 불나방 같은 개미였다. 이 테마에 그슬리고, 저 테마에 데이고, 그럼에도 이는 다 내가 단단해지는 고난의 과정이라고 생각하며 부지런히 여기저기 기웃거렸다. 한 달에 한 번만 들어오는 월급이 아쉬워 매일 벌고 싶었다. 그래서 단타(단기 투자)도 즐겼다. 즐거웠다. 돈이 이렇게 순식간에 생겨나다니. 주식 투자를 마치 화수분인 듯 찬양한 적도 있었다. 밑도 끝도 없는 무리한 투자는 밑 빠진 독이 된다는 걸 몰랐을 때의 얘기다.

테마주에 한창 빠져 있던 2017년 말. 제약·바이오 업체들의 주가와 함께 각종 가상화폐도 덩달아 치솟았다. 이유야 다양하겠지만 전문가들은 다소 투기적으로 치우친 유동성이 각종 자산을 끌어올리고 있다며 입을 모아 얘기했다. 특히나 코인은 녹아내릴 듯 뜨거워지고 있었다.

그 열기는 참새에게 새로운 방앗간이 생겼다는 소식이나 다름 없었다. 자동반사적으로 손 빠르게 코인 거래 앱을 깔았다. 그런데 나는 쉽사리 투자에 뛰어들지 못했다. 코인이 너무 뜨거웠던 탓일까. 주변 사람들의 열광적인 모습이 자꾸 나를 주춤하게 했다.

이건... 내가 탈 게 아닌 듯...

내가 주춤거리는 사이, 코인이 몇 배가 올랐다는 소식과 앞으로 얼마간 더 오를 거라는 전망이 여기저기서 들려왔다. '아! 진작 투자했어야 했나?' 하루에도 열댓 번은 했던 생각이다. 이런데도 귀얇고 자유 의지가 약한 나란 인간이 대세를 따라가지 않은 것은, 강력했던 몇 번의 충격으로 '와~ 이거 내가 하면 진짜 인생 망치겠는 걸…' 하는 방어 본능이 발동했기 때문이다.

—— "아내가 새벽에 큰일났다며 깨우더라고"

100만 원으로 1000만 원을 벌었다는 코인 투자자, 그는 회사 내 같은 팀의 형님이었다. 코인의 등락을 보다 '이건 되겠다'는 판단으로 모아두었던 용돈을 과감하게 질렀다고 한다. 그 엄청난 수익률도 대단했지만, 두세 배씩 오른 상황에서도 팔지 않고 수익이 10배나 날 때까지 참았다는 그 진득함은 정말 대단했다.

그 소식이 퍼지자 여기저기서 조언을 구하기 위해 그에게 몰려들었다. 이렇게도 돈을 벌 수 있다는 사실에 모두가 신기해했고, 자신들도 할 수 있을 거라는 믿음이 퍼져나갔다. 매일같이 오르는 코인. 그는 코인 투자 새내기들에겐 밝은 등불과도 같았다.

나 역시 그의 주변을 기웃거리며 정보를 얻었다. 참으로 귀가 솔깃해지는 이야기들에 귓가가 따스해지며 팔랑거리기 시작했다. 10배나 올랐는데 아직 멀었다는 그의 이야기에 이런저런 뉴스도 찾아보며 시기를 엿보고 있었다. 그런데 얼마 후 다시 들은 일화에 박장대소와 함께 현실 자각 타임, 소위 현타가 찾아왔다.

"한밤중에 와이프가 갑자기 흔들어 깨우는 기라. 큰일났다 길래, 내는 뭐 불이라도 난 줄 알았더만, 코인이 10%나 떨어졌다며 우짜냐고 묻는다 아이가. 내 당황스러워가꼬… 잘 달래가 재우느라 애묵다."

밝은 등불 아래 드리워진 그늘이 보였다. 그렇다. 코인 시장은 단 1초도 쉬지 않고 거래가 일어난다. 가격 변동은 잦고 크다. 그러다 보니 자연스레 온 신경이 코인 시세에만 머물 수밖에 없다. 눈도 떼기 힘들다. 손에서 스마트폰을 내려놓으면 가격도 덩달아 내려갈 것 같다. 금액이 커질수록 정도는 심해진다. 어쩔 수 없다. 돈이 걸려 있지 않은가. 당시 '코인 좀비'라는 신조어가 생긴 배경이다.

10배가 오른 상황에서 -10%면 실로 큰 금액이다. 순식간에 원금이 사라졌으니 큰일이 난 게 맞다. 그때의 형수님 반응을 충분히 이해할 수 있었다. 그 이야기를 들으며 한참을 웃던 나는 점점 선명해지는 내 미래의 모습이 떠올라 이내 웃을 수 없었다. 얼마 후의 내 모습을 누군가로부터 듣는 듯한 느낌이 들었다. 전혀 설레지도 기대되지도 않는 그 모습이 지나치게 선명해서 일말의 두려움마저 생겼다.

—— "오늘 술이 참… 물 같네요!"

2017년 12월, 한 술집에서 벌컥벌컥 술을 들이켜는 한 사람이 있었으니, 뒤늦게 코인 투자에 참여한 지인이다. 11월경 파죽지세로 오르던 코인에 제법 많은 돈을 투입해서 큰 수익을 내고 얼마 전까지 대단한 수익에 행복해 보였던 친구였다. 그땐 제법 자신감과 확신에 찬 모습이었는데, 그런 친구가 내 앞에서 씁쓸한 미소를 흘리며 술잔을 만지작거렸다.

"크…! 술이 물 같네. 왜 맛이 안 나지?"

급격한 코인 가격 하락에 제법 큰 손실을 내던 중이었다. 이런저런 이벤트성 호재를 기다렸는데, 무슨 일인지 가격은 계속 하락했다. 그는 다시 오를 거라는 자조적인 말을 하며 괜찮다고 하는데, 어째 더 힘이 빠져 보였다. 그리고 간사하게도 나는 알 수 없는 안도감을 느꼈다.

주변에서 너도나도 코인에 투자해 치킨값, 옷값, 중고차값을 벌었다고 했을 때의 소외감과 초조함이 개운치 않은 안도감으로 돌아왔다. 간사한 마음 같으니. 역시 심신이 빈약한 나는 코인과 맞지 않아 보였다. 그리고 지금까지도 코인에 손대지 못하고 있다.

—— 각자의 선택

비트코인 투자자들이 환희 속에서 웃을 때, 배가 많이 아팠다. 투자하지 않았던 내가 코인의 가치를 너무 몰라보고 겁을 냈던 건 아닌가 싶기도 했다. 그리고 비트코인 투자자들이 공포 속에서 한탄할 때, 큰 안도감을 느끼기도 했다. 투자하지 않았던 내가 나의 그릇을 제대로 가늠하고 있어 다행이다 싶었다. 수년 후 지금의 내 마음은 또 어떻게 변할까? 안도감을 느끼고 있을까? 또 다른 후회로 남지는 않을까? 인생길은 왜 이렇게 자꾸 갈라지는지…. 어디를 가든 헤매긴 할 텐데, 어디로 가서 헤매야 할지 도통 모르겠다.

여전히 자신은 없다, 이것에 흔들리지 않을 자신이…. 그래서 하지 않기로 했다. 급등주에 올라타 운 좋게 돈을 벌었을 때도 미소 가득한 얼굴과는 달리 마음은 늘 편치 못했다. 가격이 오르면 좋긴 한데 왜 오르는지 몰라 다시 떨어질까 불안했고, 떨어지면 떨어져서 또 불안했다. 그랬다. 테마주 투자의 기본 옵션은 불안이었던 거다. 불안에 베팅하는 투자는 생각 이상으로 힘들었다.

투자하는 동안 편하기만을 바랄 순 없다. 그럼에도 욕심 때문에 애써 쉼 없는 불안을 사고 싶진 않았다. 게다가 코인에 대한 지식도 부족했고, 그걸 파헤칠 자신은 더더욱 없었다. 알 수 없는 수많은 코인, 나라별로 다른 시세, 이해하기 어려운 블록체인이라는 기술과 코인의 미래 가치. 주식도 모르긴 매한가지이지만 코인은…

정말 모르겠더라.

그래도 찾아드는 아쉬움과 흔들림을 잠재우기 위해 주식 투자의 명언들을 되뇐다.

> "투자에선 스트라이크가 없으니 날아오는 모든 공(기회)에 배트를 휘두르지 않아도 된다."
>
> "위험은 자신이 무엇을 하는지 모르는 상황에서 온다."

흠… 아주 조금 도움이 된다. 너무 모르니까 이번 공도 눈을 질끈 감고 그냥 흘려보내야겠다.

현실은 결코 희망과 기대만으로 만만해지지 않으니까.

주식 시장의 장님들

주식 투자에서 전문가들의 말을 맹신할 필요가 없는 이유는 그들도 앞날을 모르긴 매한가지기 때문이다. 그들의 주장 또한 지난 경험과 확률에 의한 의견일 뿐, 주식 시장에서 100% 확신할 수 있는 것은 아무것도 없다. 그럼에도 그들의 말이 무게를 가지는 건 언제나 솔깃한 이유를 달고 다니기 때문이다. '아무것도 모르는' 나는, '어떤 것도 스스로 알아보지 않았던' 나는 그렇게 설득당하며 고개를 끄덕이고 만다. 몰랐던 이야기에는 그런 힘이 있다. 그리고 믿음의 시간이 지나 원망의 시간 속에서 속을 삭이게 된다.

── 씨젠, 왜 사지 말라고 했어요?

코로나19 진단키트를 생산하던 한 기업이 첫 상한가를 기록하자, 많은 전문가가 과하다는 평가를 내렸다. 일시적인 상승이라고, 이해가 되지 않는 상승이라고 말이다. 그랬던 그들이 10배가 오른 다음에 한 말은 "잠시 트레이딩 관점으로 보자."라는 분석이었다. 코로나19의 확산세가 끝나지 않았다고, 실적이 기대된다고. 어느새 변한 그들의 분석에 한때 나돌던 유행어가 입에서 툭 튀어나왔다.

"장난 나랑, 지금 하니?!"

상황은 변하고 사람의 생각도 변한다. 정해진 것이 없는 이곳에서 뭔가를 100% 확신하는 일은 위험하다. 그래서 전문가라는 사람들의 의견을 무조건 따르는 것 역시 아무런 도움이 되지 않는다. 그들이 '줏대가 없어서'라기 보단 그들만의 '기준과 유연함이 있기' 때문이다. 그 기준과 유연함을 똑같이 따라가지 못하는 한, 그들이 그렸던 이야기와는 다른 결말을 볼 수밖에 없다.

주식 시장은 매일, 매시간, 매분마다 쪽대본이 건네지는 막장 드라마 촬영 현장과 같다. 이런 상황에서 정해진 스토리는 애초에 없다고 보는 것이 속 편하다.

"이야기가 왜 이렇게 흘러가?", "처음에 얘기했던 건 이게 아니잖아?"라고 해본들 주식 시장은 말이 없다.

—— 주식 시장의 장님들

말 없는 주식 시장에 답답해할 때 또다시 전문가들이 등장한다. 이코노미스트, 애널리스트, 자산 운용사 대표, 재야의 고수 등…. 답답한 곳을 뚫어주고, 가려운 곳을 긁어주려는 그들의 노력이 고맙다. 하지만 나는 그들의 고마운 분석과 통찰에 감탄과 함께 불신을 섞어 넣는다.

귀동냥을 많이 해본 경험으로 가장 크게 얻은 거라고 하면, 주식 전문가들은 코끼리를 설명하는 장님과 같다는 사실이다. 저마다 주식 투자란 이런 것이고, 주식 시장은 이렇게 생겼다고 말하지만, 그 누구의 말도 실제의 모습을 완전히 보여주지는 못한다.

더 난감한 것은 적어도 이들의 설명이 코끼리의 발인지 코인지 귀인지만이라도 알려주면 좋으련만, 누군가는 똥을 만지며 코끼리는 작고 둥글다고 말하고, 발이 없다는 주장에 더해, 귀인 줄 알았는데 날개였다는 주장을 펼치기도 한다. 그래서 어제까지 사실이라 믿어왔던 것들이 오늘부터는 믿을 게 못 되기도 한다. 이런 불확실한 상황에서 완전한 모습의 짜깁기는 요원해지고, 코끼리는

코끼리는 말이죠...

알 수 없는 미지의 동물로 남게 된다.

이들의 말이 허황되거나 거짓이라는 얘기가 아니다. 코끼리를 설명하는 장님들이 서로 다툰 이유는, 자신들의 경험은 거짓이 아니기 때문이다. 전문가의 말은 값지다. 갖은 경험과 분석을 통해 내놓는 정보와 통찰엔 나름의 엑기스가 담겨 있다. 그것이 맞는지 틀리는지는 별개의 문제다. 그들은 의견을 제시했다. 다만 그걸 가려듣지 못하고 그게 전부인 양, 때로는 변하지 않는 진리인 양 믿어

버린 수용자(특히 나)의 불찰이 클 뿐이다.

성긴 체라도 써서 걸러 들어야 하는데, 그게 참 어렵다. 세상에 100% 확실한 것은 없음을 알면서도 그냥 믿고 싶어진다. 강한 어조로 말하는 전문가들의 모습은 각인되고, 그들의 말이 귀에 박혀 뇌리에 스며든다. 무방비 상태의 개인 투자자들에겐 전문가들의 말은 거부할 수 없는 유혹과 같다. 스스로 공부해본들 100% 확신할 수 없긴 마찬가지이니 '그냥 쉽게 가자!' 싶기도 하다. 그러다 보면 무엇보다 그런 유혹을 뿌리치는 일이 매일 당면하는 가장 큰 숙제가 되기도 한다.

—— 어디에나 있는 야매

전문가뿐 아니라 누구의 말도 무턱대고 믿을 것이 못 되는 이유가 하나 더 있다. 바로 나 같은 '야매' 때문이다.

주식을 하다 보면 어느 한 부분은 만져봤다고 착각하는 눈뜬장님이 되곤 한다. 대부분 작은 성공들이 그런 착각을 하게 만드는데, 문제는 여기에 더해 잘 만져보지도 못하고 만지고도 제대로 체감하지 못하는 한 명이 된다는 데에 있다. 수많은 실패와 작은 성공에 뭐라도 쌓였다고 착각했다. 그러고는 좀 떠들고 다녔다. 주식이 어떻고, 투자가 뭐고, 지금이 살 때인지 팔 때인지. 아… 한없이 부끄럽다.

지금의 나는 흘려듣기의 달인인 아내 외에는 누구와도 주식에 관해 이야기하지 않는다. 천성을 쉽게 바꾸지 못해 입이 근질거리지만, 누가 먼저 물어와도 얘기하지 않으려 무던히 애쓰고 있다. 말해본들 코끼리 옆의 나무에 대한 설명밖에 안 될 것을 알기에, 양심에 찔려 도저히 입을 뗄 수가 없다. 어서 빨리 똥이라도 만져보면 좋으련만 아직은 가능성이 없어 보인다.

누구도 진짜 코끼리의 모습을 알려주지 못한다는 사실을 잊지 않으려 사력을 다하고 있다. 그러면 누군가의 말에 귀가 팔랑거리다가도 손으로 애써 눌러 진정하게 된다. 휘둘리거나 부화뇌동하는 일은 확실히 적어진다.

좋은 소식이든 나쁜 소식이든 우선 정보 차원에서 듣기는 하지만, 귀가 팔랑대기 전에 의심의 귀마개부터 한다. 반론부터 찾는 거다. 그러면 귀가 조금은 덜 팔랑거린다. 그러곤 아무리 들춰도 의심할 거리가 마땅치 않을 때, 그때가 정말 귀중한 정보를 얻는 순간이다.

모든 주식 정보 제공 페이지와 방송의 시작과 말미에 올라오는 문구가 오늘도 강조된다.

"모든 투자 판단의 책임은 본인에게 있습니다."

후… 안다 알아. 좀 받아주면 어디가 덧나는지. 오늘도 터져 나오는 푸념과 솟아나는 원망이 갈 곳을 잃고 만다.

바라건대 속 쓰린 개미들의 푸념이 버티고 지속하는 힘이 되기를, 어디에도 갈 곳 없는 원망이 발전하는 계기가 되길 진심으로 기원해 본다.

— 초호황이라더니…! —
내 주식, 이게 머선 일이고?

"올라야지, 왜 떨어져!!?"

이번에도 실패다. 이건 내 잘못이 아니다. 뭔가 잘못됐다. 분명 좋은 기업이라고 했는데, 돈도 잘 벌고 있는데, 도대체 뭐가 잘못된 거지?

2018년 중순, 산업의 쌀과 같다는 반도체 관련주에 투자했다. 전망은 날로 좋아지고 있었고, 실적은 말할 것도 없었다. 호황이란 말도 부족해서 초호황이니 빅사이클이니 하는 말들이 기사를 도배했다. 역대 최고 실적이란 말은 식상할 정도였다.

그래서 샀다. 그런데 웬일인지 조금 오르던 주식이 날이 갈수록 떨어졌다. 분명 많은 사람들이 이 길로 가면 더 높은 봉우리에 오를 수 있다고 했는데, 그 봉우리가 다른 산일 줄은 꿈에도 몰랐다.

산 정상에서 더 높은 산의 꼭대기를 바라보며 나아간 것이 하산의 시작일 줄이야.

모두가 목적지를 말하고 있을 때, 경로를 생각하지 않았던 나는 깊은 계곡 속에서 오랜 시간 동안 헤매야 했다.

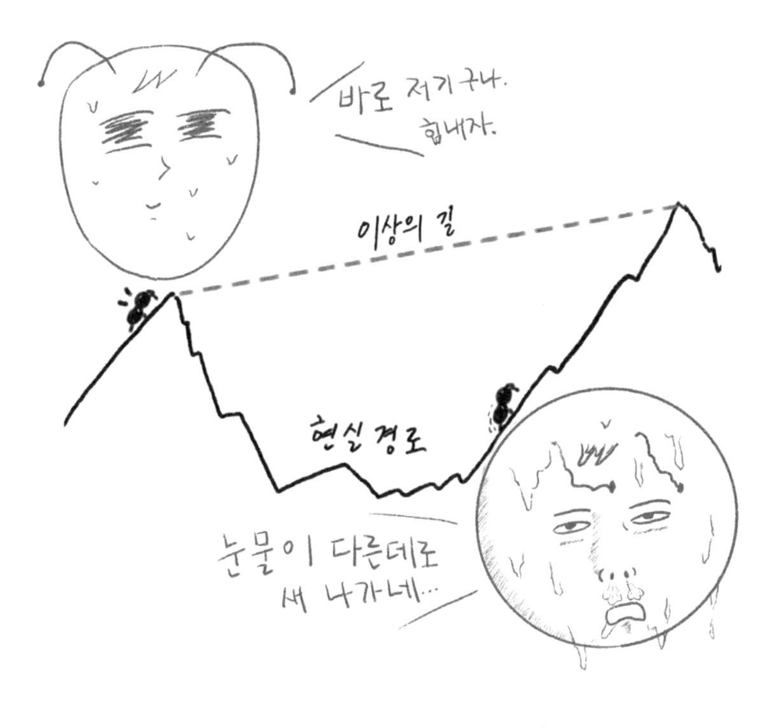

이상과 현실의 괴리

(인생이 어디 그리 쉬운가...)

—— 목적지와 길

인생의 모든 것이 그렇듯 쉬운 길은 없다. 그런데도 사람들은 자신의 앞길만은 쭉 뻗은 12차선 정도였으면 하고 생각한다. 이런 착각을 베테랑급으로 잘하는 사람이 있는데…, 방금 점 세 개를 찍을지 네 개를 찍을지 고민하다 세 개를 찍은 사람이다. 글에서 점 하나 찍는 데도 고민하는 사람이 주식 투자를 너무 쉽게 봤다.

주식 투자를 하면서 자주 하게 되는 오만가지 실수 중 하나가 '목적지로 가는 길에 대한 오판'인데, 이걸 내가 좀 잘했다. 너무나도 당연하게 목적지로 가는 길은 직선이라 믿었다. 나만 똑바로 가면 도달할 수 있는 곳이라 믿었고, 딱 그 정도의 마음가짐만을 가지고 시작했다. 직선적인 기대와 희망. 문제는 거기서 시작됐다.

반도체 관련주와 함께 5G와 전기차에 대한 기대로 배터리 소재 관련주와 5G 장비 관련주에도 많은 돈을 들이부었다. 언젠가 다가올 세상에 대한 투자라고, 가장 명확하고 안정적인 길이라고 확신했다. 그리고 2019년을 거쳐 2020년. 확신은 증명이 되었고 오는 길에 나는 그만 한눈을 팔고 말았다.

주식을 산 지 얼마 되지 않아 미·중 무역 분쟁으로 반도체 수요는 급감하기 시작했고, 곧 오를 줄 알았던 5G 장비 관련주들은 투자 지연으로 몇 달 동안 움직임이 없었다. 어째서인지 배터리는 자꾸 폭발하거나 불이 붙는 사고가 생기면서 내가 어찌할 수 없는 일들이 우후죽순 생겨났다.

나는 쭉 뻗은 직선거리를 시속 200km로 달려 목적지에 금세 도달할 줄 알았다. 그런데 시작부터 신호에 걸리고, 산길을 돌고, 고장도 나고, 차가 종종 멈춰 기름도 채워야 하는 상황이 벌어지니 진이 빠지기 시작했다. 가는 길은 막히기 일쑤였고, 재수가 옴이 붙어 떨어지지 않는 날에는 막다른 길에서 돌아 나오기도 해야 했다.

그러던 중에 보게 된 거다. 멈춰 선 내 옆을 쌩~하니 지나가는 '테마주 차선'. 어찌나 부럽던지, 머뭇거리다 그 뒤를 쫓아가고 말았다. 그리고 잠시 기분 좋게 달리다 '꽝~!' 중간에 뚝 끊겨버린 길에서 제때 빠져나오지 못해 사고가 나버렸다. 막막함과 지루함에 잠시 눈을 돌린 대가는 결국 '상당한' 시간과 '좋은' 기회와 '큰' 비용의 상실로 다가왔다.

—— 길도 요동치고 마음도 요동치고

한때 목적지가 자꾸 움직인다고 생각하기도 했다. 나는 분명 직선으로 가고 있는 것 같은데, 목적지가 왼쪽에 있기도 하고 오른쪽에 있기도 하고, 심지어 뒤로 물러나 있기도 하니 말이다. 참 억지스럽지만, 비단 나만 그런 것도 아니었다.

동료 A : 앞으로 전기차 시대가 온다는데, 왜 계속 안 오르지? 오다 말았나?

동료 B : 반도체가 산업의 쌀이라며? 요즘 산업은 쌀 안 먹고 빵 먹나?

어쩜 이리도 생각이 비슷한지…. 함께 헤매준 덕분에 외롭진 않은데, 이상하게도 힘이 되지 않는다.

운이 좋아 주가가 올라도 굽이쳐 오르고, 갈팡질팡하며 나아간다. 정말 무지하게 요동치며 움직인다. 그런데 진짜 문제는 요동치는 주가가 아니었다. 이제야 솔직히 하는 얘기지만, 주가보다 더 흔들린 것은 내 마음이었다.

사회생활을 시작한 후 처음으로 했던 주식 거래를 선명하게 기억한다. 우리은행 주식을 산 후 10원이 떨어지는 것을 보고 바로 손절했던, 지나치게 짜릿하고 심장이 쫄깃했던 단 1분간의 경험. 과연 그 1분간 움직인 것이 주가였을까. 언제나 마음은 다른 무엇보다 앞선다.

지금은 그때와 비교하면 부처라 할만하다. 하지만 여전히 굽이굽이 돌아가거나 막히기도 하는 길에서 마음이 부대낀다. 애초에 운전대를 남에게 맡기지 않는 한 매 순간 부침이 있기 마련인데, 이런 순간들은 언제나 힘겹다.

이럴 땐 모든 길은 연결되어 있다는 믿음을 끌어올려야 한다. 다소 식상한 말이긴 하지만 믿지 못할 바에야 출발하지 말았어야 했다. 처음 시작할 때부터 길이란 게 제멋대로 생겨먹었다는 걸 인정하면 그런대로 참을 만하다. 애초에 잘 알지도 못하는 길에 대한 지나친 기대가 과정을 힘들게 만들곤 하니까.

목적지가 잠시 멀어지는 건 험난한 산을 타고 넘는 대신에 잘 닦인 포장길을 돌고 있기 때문이라고 여긴다. 그리고 지금의 깜깜한 상황은 터널 속이라고 생각해본다. 산을 가로지르는 가장 빠른 방법은 터널을 통과하는 것이고, 그땐 당연하게도 목적지가 보이지 않는다. 그러니까 차선에만 있는 한 불안해하지 않으려 무진장 애쓰고 있다는 얘기다.

아예 잘못된 길을 가고 있는 거면 어쩌냐고? 괜찮다. 길을 잘못 들어 크게 사고를 내고도 다시 이렇게 잘(?) 헤매고 있지 않나. 길이 아닌 것 같으면 좀 돌아가면 된다. 그리고 단 한 번의 편안한 성공이 우리의 최종목적지는 아니지 않은가.

급등주에 빠진 직장인의 일상다반사

초심자의 행운이 위험한 것은 그런 행운의 반복이 사람을 낙관적으로 만드는 동시에 아쉬움을 갖게 한다는 데 있다. '그때 1천만 원을 넣었으면…', '그때 1억을 넣었으면…' 하는 일확천금의 꿈을 주입받는 건 시간문제다. 그리고 그런 낙관주의적 편향으로 생겨난 실패의 장은 제법 따가운 아픔을 남긴다.

이번엔 평범한 직장인이 급등주에 빠지면 어떤 일이 일어나는지 여실히 드러내 보고자 한다. 역시나 내 이야기다. 멋모르고 날뛰었던 '나'란 인간에게 어떤 일이 있었을까.

한 달에 한 번, 급여라는 돈을 드문드문 받는 탓인지 직장인에게 급등주로 번 돈은 찬란함 그 자체였다. 그래서 단기간에 수익을 낼 수 있다는 환상의 불꽃에 너도나도 뛰어든다. 말 그대로 불나방의 퍼레이드. 친구 따라 강남 간다고 이럴 때면 떼로 몰려다니기도 한다. 날개가 타들어 가도 서로 "으쌰! 으쌰!"를 외치며 불길을 참아낸다. 어이없는 다짐과 의리. 그 순간만큼은 그 무엇보다 중요했던 투자 포인트였다.

평범한 직장인이 급등주 추종자가 되면 자연스레 일어나는 일들이 있다. 우선적으로 시세의 급등락은 직장인의 손에서 일을 놓게 하고 스마트폰을 쥐게 한다. '손이 가요~, 손이 가~' 누구나 아는 그 맛난 과자보다 더 자주 스마트폰에 손이 간다. 자연스레 따라오는 배터리 방전은 덤. 평소엔 이틀도 지속되던 배터리가 하루를 넘기지 못한다.

그렇게 자주 스마트폰을 손에 쥐게 되면 자연히 주변 눈치가 보이기 시작한다. 아무리 주식창에 시선을 빼앗겨도 다른 사람의 시선은 단번에 알아챈다. 태생이 직장인인지 등 뒤에도 감각의 눈을 달고 다른 사람의 시선과 마주치면 찌릿함을 느낀다. 그럴 때면 자연스레 아랫배가 묵직해져 자리에서 일어나게 된다. 그리고 제2의 근무지인 화장실을 찾는다.

볼일 볼 동안만 시세를 보겠다던 다짐은 화장실 문을 잠그는 순간, 어느새 밀려든 궁금함과 욕심이라는 마음에 감금당한다. 그리고 로댕 아저씨의 '생각하는 사람'을 연출한다. 변기에 앉아 있는 시간이 길어지는 것은 당연지사. 집중하지 못한 탓에 나와야 할 것은 나오지 않고 한숨만 나온다. 무릎과 허리가 아파 온다. 사태를

깨달았을 땐 이미 늦었다. 그렇게 뜻하지 않은 변비가 찾아온다.

그리고 찾아오는 것이 하나 더 있다. 바로 나도 몰랐던 '나'들(나의 복수형)이다. 급등 종목을 보유한 나와 종목이 급락한 날의 나는 완전히 다른 사람이 된다. 아침, 점심, 저녁의 모습이 다르기도 하고, 급등 종목을 잘 매도했는데 더 오르는 날엔 뭔가 신경질적이 되거나 해탈한 듯한 분위기를 풍기기도 한다. 짐작할 수 없는 감정의 막춤은 한 개인을 살짝 미쳐 보이게 만든다고나 할까.

자꾸만 토론하고 싶어지는 것도 빼놓을 수 없다. 불안한 마음에 가만있지 못하고 종목 토론방을 기웃거리게 된다. 종목을 비관하는 사람의 글에는 '싫어요', 종목을 낙관하는 사람의 글엔 '좋아요'를 누름으로써 아주 합리적인(?) 비판과 아주 객관적인(?) 공감을 표시한다. 그리고 믿고 싶은, 출처를 알 수 없는 정보와 근거 없는 주장에 기대어 마음을 다독인다.

하지만 그런 일상의 반복은 어느새 긴장의 장력을 느슨하게 만든다. 자꾸만 스마트폰으로 가던 손이 뜸해지고, 감정의 날뜀도 시큰둥해진다. 무감각해지는 것이다. 이는 다소 위험한 단계로, 주가가 2~3% 변동하는 것에는 무덤덤해지고 5~10% 정도의 등락은 있어야 비로소 변화를 느끼게 된다. 그러다 물리기라도 하면 아예 손을 놓게 되는 때가 오는데, 이 단계로 접어들면 주식은 해서는 안 될 것의 분류에 들어가고, 드물지만 '주식하지 마라'는 가훈으로 승화되기도 한다.

이는 대개 일련의 과정을 거치지만, 동시다발적으로 발생하기도 한다. 하지만 뭐가 됐든 확실한 것은 일상이 점점 어긋난다는 사실이다.

급등주에 투자해 단기 성과를 바라는 것은 럭비공이 어디로 튈지를 예상하는 것과 다르지 않다. 자신의 눈에 슬로 모션 카메라를 장착하지 않는 이상 쉽지 않은 일임에도 그걸 자꾸 하려고 한다. 그러다 보니 "마음만 먹으면 잘할 수 있다."는 성실한 직장인은 조급하게 밖으로 내몰리게 된다. 일 생각 밖으로… 사무실 밖으로… 자신의 경제적 한계 너머로….

— 막막함을 푸는 공식

종종 타이밍과 '운빨'이란 공식으로 풀이 과정 없이 정답을 찍곤 한다. 하지만 막막함이라는 문제를 푸는 공식은 '시도와 학습'뿐이다. 그러니 이 명확한 공식으로 풀이 과정을 또박또박 적어보는 수밖에 없다.

이는 영 엉뚱한 오답을 내지 않기 위한 노력이다. 노력해도 정답을 찾을 수 있을진 모르지만, 노력하지 않으면 오답이 터져 나오기 마련이니까. 그래서 이런 게임에선 풀이 과정 자체가 채점의 영역이 되게끔 해야 한다. 'O/X 퀴즈'를 제외하곤 천지가 오답투성이고 주관식 문제임을 기억한다면 말이다.

마지막으로 직장인 투자자가 이 모든 시간을 버텨내고 나면 생겨나는 딱 하나의 순기능이 있다. 바로 회사 일을 정말 열심히 하게 된다는 거다. 당연하게도 '먹고사니즘'은 일확천금보다 더 절실하다.

힘든 오늘의 회사생활이 수익이라는 꽃을 피우기 위한 비료와 이슬임을 잊지 않았으면 한다. 그리고 그 힘듦을 이겨낸 성실함으로 꾸준한 투자를 이어가길 바란다. 월급은 노력한 만큼 제법 확실한 수익을 보장한다는 사실도 다시 한 번 곱씹으면서 말이다.

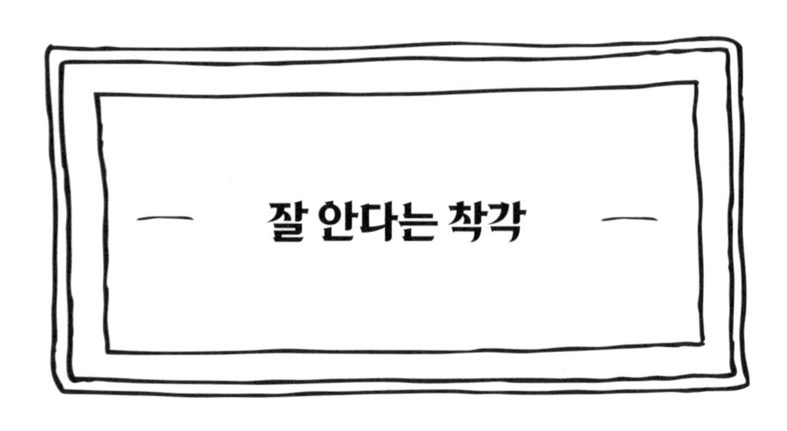

어머니 집에서 점심 먹고 뭘 할까 고민하다 영화를 보기로 했다. 생각보다 취향이 까다로운 나의 오랜 여인인 어머니를 위해 적당한 영화를 고른다는 건 쉽지 않다. 피 튀기는 영화를 보면 밤에 잠을 설치고, 너무 잔잔하거나 진지한 영화를 보면 곧잘 단잠에 빠져 밤잠을 설치게 되니, 신중에 신중을 기해야 한다.

뭘 볼까… 이리저리 영화 목록을 뒤지던 중 〈내 아내의 모든 것〉이 눈에 들어왔다. 목소리 깡패 이선균이 출연하고 류승룡과 임수정의 자연스러우면서도 뻔뻔한 연기가 일품이던, 제법 웃기면서 적당히 야한 영화이기에 그녀에게 제격으로 보였다. 때마침 아내 역시 보지 않았다기에 곧바로 당첨. 역시 여인들에겐 로맨스 코미디가 최고인가 싶었다.

영화가 시작되면 나는 자리에서 일어나려 했다. 이미 본 영화라 굳이 다시 볼 필요가 없었던 나는, 안방에서 조금 더 자극적이고 폭력적인 영화를 볼 예정이었다. 그런데 계획이 틀어졌다. 본의 아니게 나는 〈내 아내의 모든 것〉을 처음부터 마지막 장면까지 같이 보고 말았다.

분명 봤다고 생각한 영화인데, 줄거리를 다 꿰찬 영화라고 믿어 의심치 않았는데, 아니었다. 일본을 배경으로 시작하는 첫 장면부터 나는 고개를 갸웃거렸다. '저런 장면이 있었나?' 그 이후로 이어진 장면들에서도 마찬가지 반응이 일었다. 갸웃. 갸웃. 이리저리 갸웃거리던 나는 영화의 마지막 장면까지 확인하고 나서야 인정했다.

'나… 이 영화를 본 적이 없구나….'

한 번도 제대로 본 적이 없는 영화를 어머니와 아내에게 평가까지 해가며 추천했다니. 평소 아는 척하는 지병이 있긴 했지만, 이 정도는 아니었는데, 어째서 기억을 왜곡하면서까지 그럴 수 있었는지 이유가 궁금했다.

의도치 않게 진지해져 버린 나는, 마치 영화 〈메멘토〉의 주인공이 된 것처럼 모든 것을 의심하기 시작했다. 그리고 생각에 생각을 거듭한 끝에 하나의 가능성에 다다랐다. 혹시? 영화 소개 프로그램?

영화 소개와 리뷰도 하는 TV 프로그램을 자주 봤던 나는 아마도 많은 프로에서 다뤘던 그 영화의 동일 장면 때문에 심한 착각을 일으켰던 것 같다. 영화를 보는 내내 많은 장면이 생소했고 기억에도 없었지만, 일부 장면을 아주 선명하게 기억해낸 것을 보면 확실해 보였다. 반복해서 보거나 들을 때면 생겨나는 '잘 안다'는 착각. 바로 그것이었다.

— 나는 알고 있다는 착각

영화 선택에 실패했다. 어머니는 자다가 깨기를 반복하며 영화에 전혀 집중하지 못했다. 급한 전개와 다소 정신없고 웃기려 작정한 과잉 연기가 와닿지 않은 모양이었다. 생각해보면 어머니는 영화 〈매디슨 카운티의 다리〉, 〈은밀한 유혹〉, 〈타이타닉〉 같은 뭔가 애절한 로맨스 장르를 좋아했는데, 아무래도 〈내 아내의 모든 것〉은 그것과는 거리가 멀었다. '어머니는 웃기는 걸 좋아하시지, 후후!' 어머니 취향을 안다고 착각한 데 따른 패착이다.

이 일로 인해 그간의 내 투자 형태가 어째서 그렇게 불안했는지에 대한 164번째쯤 되는 이유를 찾았다. 최선을 다한다며 매일같이 두 시간씩 접했던 증권방송의 영향이 자못 컸다는 것을 깨달았다고나 할까. 전문가들이 내세우는 전망을 맹신하는 단계에서 벗어났나 싶었는데, 지엽적인 정보의 익숙함에 젖어 잘 알고 있다는 근거 없는 확신을 가지게 됐을 줄이야.

대동소이한 증권방송을 듣거나 주변에서 자주 접해 익숙해진 몇몇 기업을 잘 안다고 착각하곤 한다. 내게 있어, 아니 많은 이들에게 삼성전자가 그런 기업이지 않을까. 이제는 '국민 주식'으로 등극한 종목이지만, 여전히 누군가는 이 기업이 어떤 사업을 영위하고 있는지 잘 알지 못한다.

이는 나와 10년째 같이 살고 있는 투자 동반자(아내)가 증명한다. 자기 포트폴리오의 상당 부분을 삼성전자에 할당하고도 내가 설명하는 아주 일반적인 사실들을 마치 처음 듣는 것인 양 신기해한다. 그럴때면, 초롱거리는 호수 같은 눈망울을 보는 내 마음은 잠시 망망대해를 표류한다.

그래도 이렇듯 전혀 알지 못하는 상태는 그리 큰 문제가 되지 않는다. 우리나라 최대 기업이라는 정보만으로 투자한 아내의 삼성전자 수익률은 60%에 달했고, 내게 자주 들어 익숙해진 삼성SDI의 수익률은 250%나 기록 중이다. "그냥 들고 있으면 된다."는 나의 가정표 증권방송에 따라 정말 들고만 있었던 결과였다.

문제는 전체의 일부분만 알고는 '잘 안다고 착각하는' 나 같은 사람에게서 생겨난다. 착각엔 언제나 실수가 따르기 마련이니까.

이걸 어설프게 아느니 차라리 모르는 게 낫다는 이야기로 읽으면 곤란하다. 그렇다고 확실히 알고 나서 투자해야 한다는 이야기도 아니다. 아는 것이 많건 적건 간에 내가 알고 있는 것이 다가 아니라는 자각이 필요하다는 이야기다. 투자 종목에 대한 의심이 아닌, 나 자신에 대한 의심 말이다. 그러니까 이는, 모든 걸 알 수는 없다는 사실을 인정해야 한다는 겸손에 관한 이야기다.

알고 있다는 생각에 합리적(이라 쓰고 '거만하게'라고 읽는다) 예단을 하게 되면, 아내에겐 보유하라고 말해 놓고, 자신은 진즉에 정리하는 일이 벌어진다. 삼성전자와 삼성SDI를 언제 팔았더라? 아, 놓쳐버린 아까운 수익들…. 안다고 착각하는 데엔 그만큼의 대가가 따른다.

다행스러운 일은 근자감으로 넘쳐났던 지난날의 호된 경험으로 '플랜 B'를 마련해둔 것이다. 나를 믿지 못해 아내의 주식계좌를 장기 보유 목적으로 만든 것은 진정 탁월한 선택이었다. 덕분에 차오르던 아쉬움은 반으로 줄었다.

'다 알고 있다'는 식으로 자신감이 충만해지더라도, 찰스 다윈의 "무지는 지식보다 더 확신을 가지게 한다."는 말을 곱씹으며 억지로라도 겸손함을 만들어보면 어떨까 싶다. 그러면 아마도 플랜 B가 마련될 것이고, 하다못해 뜻하지 않은 결과를 수긍할 수도 있을 것이다. 그러면 모르긴 몰라도 훨씬 편안한 마음으로 투자할 수 있지 않을까. 쌓아 올리는 건물 층층에 설치된 추락 방지 그물망처럼, 완벽하진 않지만 그나마 안심할 수 있는 일말의 든든함을 가졌으니 말이다.

그래서 한번 물어보고 싶다. 혹시, 지금 확신하고 있는 그것이 정말 확실하다고 확신할 수 있나요?

어릴 적 꿈만큼 쉽지 않은 수익률

내 어릴 적 꿈은 대기업 CEO였고, 내 옆 친구의 꿈은 대통령, 그 옆 친구의 꿈은 우주비행사였다. 그리고 지금 우리는 직장인으로 별 탈 없이 살아가고 있다. 비록 어릴 적 꿈은 이루지 못했지만 실패했다며 좌절하거나 삶이 불행하다고 생각하진 않는다. 살아오면서 마주한 현실의 벽이 이리로는 못 간다며 막아서도 저리로는 갈 수 있으니 괜찮다며 안심시킨 덕이다.

대기업 CEO, 대통령, 우주비행사…, 이런 꿈을 이룰 가능성은 얼마나 될까? 확률적으로 말하면 너무 가혹하니, 아주 대단히, 무척이나 쉽지 않은 일이라고만 해두고 이야기를 계속해야겠다. 이 모든 꿈은 높은 확률로 그냥 꿈으로 남는다. 그리고 우리는 알아간다. 삶에서 원하는 것 중 대부분은 그리 쉽게 얻을 수 없음을.

노력에 대해 말하고 싶진 않다. 노력하지 않고 사는 사람이 어디

있겠는가. 모두가 하루만큼 더 나아지기 위해 매일을 살아간다. 그리고 경험상 노력하지 않는 것도 실제로는 많은 노력이 필요하다. 모두가 뛰는 곳에서 가만히 앉아 불안해하지 않으려고 애쓰는 것이 남들처럼 숨 가쁘게 뛰는 것보다 훨씬 어려웠다. 수십 년을 그렇게 생존해온 사람인지라 이를 초월하는 게 너무도 어려운 거다. 그런 의미에서 열심히 살지 않겠다고 다짐한《하마터면 열심히 살 뻔했다》의 저자는 야매일지라도 득도한 게 분명해 보인다. 그 어려운 걸 해내다니. 아, 내심 부럽다.

우리가 어릴 적 원대한 꿈에서 조금씩 현실적인 꿈으로 옮겨간 것은 무엇 때문일까. 그리고 그것을 실패나 포기로 보지 않고 변경이라며 합리화하는 이유는 무엇인가. 나는 이것을 가능성 낮음에 대한 합리적인 판단이라고 본다. 의도하지 않았던 확률에 대한 생각이 한 개인의 삶을 조금은 덜 피곤하게, 맘 편하게 했다는 생각이다. 다시 말해, 이리저리 재보니 만만해 보이지 않아 다른 만만한 걸 찾았다는 얘기다.

—— 높은 투자 수익을 '알'로 보는 태도

주식 투자에 임할 때도 꿈을 갖게 된다. 1년에 소박(?)하게 50%를 목표로 내걸거나, '매일 1%만 벌자'는 생각들. 과연 그 꿈들이 실현될 수 있을까? 우연의 일치로 행운이 찾아온다면 나의 소박한 꿈은 생각지 못한 엄청난 현실로 다가올지도 모른다. 모르긴 몰라도 대한민국에 사는 대부분의 사람들이 나의 존재를 알 만큼 유명해질 테다. 슈퍼 개미로 입소문을 타고, 끊이지 않는 인터뷰와 강연 요청을 거절하기 바쁠 테고, 그러다 TV에 출연하게 되고, 그러다 TV 방송이 번역되어 전 세계로 퍼지더니 결국엔 세계의 이목이…. 아고, 덧없다.

왜 개인 투자자 중 90%가 손실을 본다는 통계가 있는지, 어째서 최고의 투자 구루라는 워런 버핏도 손실을 볼 때가 있는지 생각해볼 필요가 있음에도, 나의 경우가 되어서는 자꾸 부푼 꿈을 꾸고 만다.

성공한 후의 가장 큰 도전은 겸손이라는 배움도 무색하게, 작은 성공에도 우쭐하던 때가 있었다. 급등주로 운 좋게 큰돈을 벌 때면 마치 나의 냉철한 판단과 기계적인 매매가 빛을 발했다고 생각했으며, 반대로 큰돈을 잃으면 운이 좋지 않아 아쉽게(?) 실패했다며 금방 잊었다.

이는 일종의 자기착각이다. 누구나 쉽게 저지르는 오류인 '더닝 크루거 효과(Dunning Kruger effect)'라고 있는데, 스스로를 실제와는 다르게 평가하는 현상이다. 나는 당연하게도 모자란 나를 대단하게 평가했다. 그리고 뭐든 할 수 있을 거라고 내심 확신했다. 그러길 원했던 것은 아니지만 이럴 때만 꼭 모범을 보인다. 인지적 오류의 모범 사례인 셈이다.

지속적으로 수익을 낸다는 것은 매우 어려운 일이다. 그래서 확률적으로 접근할 필요가 있다. 다시 한번 얘기하면, 주식 투자자의 90%는 장기적으로 손실을 보고, 불과 5% 정도만이 큰 이득을 본다고 한다. 나는 이걸 경험으로 배웠다. 부드럽게 가르침을 받았으면 좋으련만, 던져지고, 채이고, 까이고… 좀 거칠게 배웠다. 오래전부터 체벌이 금지되었다는데, 내겐 왜 사랑의 매가 허락되었는지 모를 일이다. 아무튼 '사무치게' 값진 가르침을 받았다. 덕분에 연간 10% 이상의 평균수익을 거둘 수 있다면 최상위 펀드 매니저가 될 수 있다는 말을 수긍하게 됐다.

주식 투자를 하면서 근거 없는 수익률을 '이제는' 산정하지 않는다. 운이 좋아 생각보다 큰 수익을 내면 대단히 기뻐할 뿐, 새로운 투자의 기준을 '예전처럼' 높이지도 않는다. 수익률보단 기간이 우선이 되는 투자를 이어가려 안간힘을 쓸 뿐이다. 확률적으로 생각해서 최대한 이성적 투자자가 되려는 최소한의 노력이다.

뭐든 할 수 있다고 생각하는 순간, 판단은 흐려진다. 그리고 가진 것을 당연해할 때 만족과 행복감은 줄어든다. 이루지 못한 우리의 어릴 적 꿈이 사무치는 아쉬움이 아닌 것처럼, 높은 수익률도 딱 그 정도로 생각하면 좋지 않을까. 특별나지 않은 지금의 모습이 인생의 실패가 아닌 것처럼, 엄청난 수익률만이 투자의 성공을 의미하는 것은 아닐 테니.

벤츠를 산 후배를 보고 허무 '주의'자가 됐다

늦은 시간까지 잔업을 하고 집까지 태워주겠다는 후배의 차를 탔다. 몇 달 전 구매한 벤츠는 날렵한 맵시를 자랑하며 회사 주차장에 세워져 있었다. 차 문을 열었을 때 문 아래로 떨어지는 벤츠 엠블럼의 불빛은 늦은 밤의 어둠을 몰아내는 동시에 내 마음에 작은 그늘을 만들었다.

후배는 자신의 삶을 변화시키기 위해 끊임없이 뭔가를 시도해온 도전적인 친구다. 언젠가 만난 그의 아내 역시 긍정적이었고, 아는 이 하나 없는 먼 타지에 내려올 결심을 할 정도로 결단력이 있는 사람이었다. 서울이 그리워 퇴사하는 직원들이 있는 것을 보면, 서울을 등지고 내려왔다는 것만으로도 대단했다.

아무튼 이 둘의 긍정적이고 대범한 면이 코로나19 국면에서 빛을 발했던 것 같다. 자세히 캐묻지는 않았지만 제법 크게 투자했고, 차를 바꿀 만큼 큰 수익을 냈다고 했다.

이제 이쯤에서, 나는 조금씩 커지는 마음의 소리에 시달리게 된다.

'나는 뭐 했지? 노력해봐야 소용이 없잖아….'

저 앞에서 어서 오라며 손 흔드는 무엇이 보인다. 어렴풋이 그의 가슴팍에 흔들리는 명찰이 눈에 들어오는데… '허··무··?' 큰일 났다. 아아, 나는 이렇게 허무와 절친이 되고 마는 것인가.

── 노력과 결과

이래선 안 된다. 이러다 보면 필시 이상한 결론에 다다르고 만다.

'뭐 한다고 공부했지?'

'노력이 아무 짝에 쓸모없잖아!'

'나는 왜 이런 고민을 하고 있지?'

그러다 끝내 '나는 왜 사는 거지?'까지는 아니지만 그 언저리까지 가고 만다. 그 무섭다는 허무감이다.

그간의 내 노력과 시간을 무가치하게 바라볼 수밖에 없는 결과에 도달하면 참으로 허탈해진다. 정말 난 무엇을 위해 그렇게 달려왔던 걸까. 아, 인정할 수 없다. 하지만 현실이다. 눈앞에 버젓이 드러나 보이는 현실. 그렇게 현타가 찾아왔다.

어디서부터 잘못된 걸까? 분명 노력했고, 반성도 했고, 갱생도 한 것 같은데, 왜 신들은 나에게 이런 시련을 주는 것인가 말이다. 부처님, 하나님, 조상님…, 이분들 모두에게 빌어서 혼선이 있었나? 많은 것이 뒤죽박죽이다. 이뤄진 것은 없고, 가까워지기는커녕 자꾸만 뒤로 밀려나는 느낌이다.

서둘러 벗어나야 한다. 이런 허무감을 내버려 두면 안 된다. 허무는 친해질수록 두고두고 찾아올 녀석이다. 그런데 자꾸 손 흔드는 저 허무와 가까워진다. 나는 어쩌면 좋을까. 그냥 콱 절친을 맺어 버릴까. 혹시 좋은 녀석일지도 모르지 않나. 갈피를 잡을 수 없어 마음이 요동친다.

그때였다. 어느새 집 앞에 다다른 후배가 내게 말했다.

"운이 좋았습니다. 그리고 오늘 감사했습니다."

그제야 내가 왜 이 늦은 밤까지 일을 해야 했는지 생각났다.

오늘 회사에서 이 친구는 눈물을 흘렸다. 잘해보려고 했던 작은 행동이 생각지 못한 큰 사고로 이어질 뻔했던 탓에 마음고생이 이만저만이 아니었다. 몇 시간 동안 지옥을 경험한 그는 많은 사람의 도움 덕에 천당으로 끌어 올려졌고, 후회와 안도와 감사의 눈물을 쏟아냈다. 서른 살이 넘은 남자의 눈물엔 찡한 뭔가가 있었다.

전혀 예상치 못한 결과에 적잖이 놀라고 당황했던 후배의 한결 편안해진 표정을 보고 있자니, 세상일 참 뜻대로 되지 않는다는 생각이 들었다. 노력이 항상 좋은 결과를 가져오는 것도 아니고, 실수가 언제나 좋지 않은 결과로 귀결되지도 않는다는 사실을 또 한 번 목격하면서, 왠지 모르게 마음이 차분해졌다.

—— 허무 '주의'자 되기

생각해보면 살아오면서 내가 원했던 걸 내가 원하는 시점에 내가 원하는 만큼 가져본 적이 별로 없었다. 그 모든 것이 내 노력의 부족함 때문인지는 정확히 알 수 없지만, 대체로 흡족하지 않았고 부족했으며, 한참 늦었다.

그러나 반대의 경우도 적지 않았음을 인정할 수밖에 없다. 연필을 굴려 찍었던 문제가 맞았고, 잠시 판단력이 흐려졌던 회사와 나이팅게일의 마음을 가진 아내로부터 간택을 받은 것은 내 노력에 비하면 예상치 못한 과분한 일이었다.

경험적으로든 이론적으로든 원하는 결과를 이뤄내는 것은 애초부터 쉬운 일이 아니었다. 그런 현실에서 노력하면 쟁취할 수 있을 거란 '희망'에 '실망'도 많이 했다.

'내가 들인 노력이 얼만데!'

이제 이런 기회비용에 대한 자동반사적인 셈법은 그만해야겠다. 자꾸 다시 셈해봤자 자꾸 틀릴 뿐이니까.

후배에게 손을 흔들어주고 돌아서며 다시 허무를 마주하니, 좀 전엔 보지 못했던 빨간 경고판이 눈에 들어왔다. '주의'라고 커다랗게 적혀 있는 경고판. 눈을 비비고 다시 보니 옆에 서 있는 '허무'는 반갑게 손을 흔드는 게 아니라 오만상을 쓰며 혼신의 힘을 다해 손을 내젓고 있었다. 이쪽이 아니라는 듯, 너는 절대 오지 말라는 듯이.

그럼 그렇지. 내가 허무와 절친이 될 리가 없다. 그러기엔 가진 것이 너무 많지 않은가. 곤경에 처한 사람을 도와주는 친절함과 남을 부러워하는 부러움과 상대와 비교하는 시기심과 나도 꼭 해야겠다는 욕심이 그득한데 허무라니. 괜한 걱정이었다.

허무주의자가 될까 봐 걱정했는데, 허무 '주의'자가 됐다. 이왕 이렇게 된 김에 '과속주의'나 '추락주의' 같은 푯말처럼 어딘가 서 있어야 할 것 같은데, 이 글이 적당한 위치인지 모르겠다.

부디 모두의 허무함에 주의를 환기시킬 수 있길 바라본다.

세 번째 이야기

아직도
헤매고 있는 중입니다만

뭘 안다고 떠드느냐는 '관심'에 대하여

주식 투자에 관한 글을 쓰고부터 종종 대하게 되는 반응이 있다.

"뭘 안다고 떠들어?!"

윽! 정곡을 찔렸다. 너무 없어 보일까 봐 조금 있어 보이게 쓴다고 쓴 탓에 아픔은 배가 된다.

이는 잘 하지도 못하면서 가르치려 한다는 얘기와 번갈아 나오는 반응인데, 사실 정곡을 찔린 것보다는 가당치 않은 오해를 산 것에 당황스러움이 더 크다. 안다고 떠든 것도 아니고 가르치려고 한 것은 더더욱 아님에도 나의 의도와는 다르게 불편한 부분이 있었나 보다.

그럴 깜냥이 되지 못한다는 점은 여러 글에서 구구절절하게 밝혔다. 그래서인지 구구절절 뭔 말이 그렇게 많냐는 반응도 있는데, 사실을 직시한 반응이라 딱히 변명거리가 없다. 원래 (주식에) 한이 많은 사람은 말이 많은 법이다.

아는 게 많아 역사적 사례도 제시하고 근거에 기반해 척척 설명하면서 예측도 하고, 그러다 보기 좋게 틀려서 손가락질받는 게 부러웠다면 믿을지 모르겠다. 그만큼 나는 부족하고, 스스로 부족하다는 걸 너무나 잘 알고 있다. 그러니 모두 오해다.

그리고 이렇게 글을 쓰고 있으니 적어도 어느 정도 성과를 거뒀을 거라는 짐작으로 날아드는 질문도 있는데, 오해 속에서 싹튼 이런 질문도 적잖이 당황스럽다.

"그래서 얼마나 벌었는데?"

'아이고. 못 벌었다니까요. 이제야 겨우겨우 손실을 복구하고 있어요.', '그것도 시장이 좋았던 거지, 제 실력이 아니에요. 매일매일 걱정입니다.' 제길. 대답하다 슬퍼진다. 가볍게 미소 지으며 으레 하는 겸손의 말이어야 하는데, 사실을 진지하게 고하고 있자니 나도 모르게 울컥한다.

—— 전문가들의 언행불일치

포트폴리오 선택 이론으로 노벨 경제학상을 받은 해리 마코위츠는 자신의 자산을 주식과 채권에 50대 50으로 아주 단순하게 나눠 담았다고 한다. 다른 여러 자산에 분산 투자함으로써 위험은 낮추고 기대 수익률은 올릴 수 있다는 그의 이론에 비하면 지나치게 심플한 자산 구성이다. 아무리 대단한 전문가라 해도 자기 일이 되면 그땐 쉽지 않은 일이 되고 만다.

의사가 흡연율이 가장 높은 직업군에 속한다는 것과 수백억을 다루는 금융 전문가가 전업 투자에서 실패하는 것은 어찌 보면 아이러니다. 그러니 나 같은 개미가 작은 경험 하나 얘기하지 못할 게 뭐 있나 싶었다. 포트폴리오 이론 덕분에 안정적으로 자산을 불린 많은 사람들과 의사의 권유로 담배를 끊은 소수(?)의 사람들처럼, 아주 '극'소수만이라도 내 경험에 공감하고 편한 투자를 이어갈 수 있다면 나로선 큰 성취이자 보람일 테니까.

그러니까 나는 잘나서, 아는 게 많아서 이런 글을 쓰고 있는 게 아니다. 그저 별 볼 일 없는 한 사람의 경험도 누군가에겐 의미 있는 선택의 지표가 될 수도 있겠다 싶어 시작한 기록이다. 비록 나는 잘 못했고 여전히 부족하지만, 다른 누군가는 이를 발판으로 좀 더 나아질까 싶어서다.

나란 사람을 별 볼 일 없게 여길지언정 나의 경험은 조금 별 볼 일 있게 봐줬으면 싶다. 아무리 가벼운 이야기라도 그 속에 담긴 경험을 가벼이 여기지만 않으면, 이야기는 힘을 얻고 읽는 이에게 작은 발판이 되기도 한다. 뭘 안다고 얘기하냐는 반응 속에 적어도 '난 이 사람보단 낫네'라는 안도라든지, '나는 이러지 말아야지'라는 경계라든지, '나도 그랬지'라는 공감이 함께 있었으면 하는 이유다.

적다 보니 아무래도 궁색한 내 처지를 미화한 데서 오해를 산 것 같기도 하다. 그런데 혹시 이런 얘기를 들어봤는지 모르겠다. '행복은 찾거나 추구하는 것이 아니라 선택'이라는 이야기. '행복은 현재의 선택'이라는 누군가의 깨달음을 나는 책에서 배웠다. 꾸뻬 씨라고, 행복을 찾기 위해 세상을 여행한 정신과 의사의 이야기 속, 한 노승의 가르침이었다.

그리고 그때 얻은 배움을 매 순간 적용하려 노력 중이다. 그러니까 내 보잘것없는 경험의 미화는 '그럼에도 괜찮다', '그런대로 나아지고 있다'라고 애써 택한 나의 선택이란 얘기다. 그렇게라도 하지 않으면 버티기 힘들었을 거란 것은 안 비밀….

오늘도 여전히 부족한 나는 스스로 괜찮다며 아쉬움보단 만족을 선택한다. 시세에 흔들려 다짐을 지키지 못해도 열 번의 흔들림을 견뎌낸 후 저질렀다는 것에 희망을 보고, 내 글에 대한 탐탁지 않은 시선과 반응도 '관심'이라는 애먼 단어를 가져와 색안경을 만들어 쓰고 본다. 그런다고 행복한지는 잘 모르겠지만, 그렇게 함으로써 적어도 불행을 느끼지는 않는다.

오늘도 주식 시장은 열리고, 많은 사람들의 최선이 얽히고설킨다. 각자의 최선이 가닿아 마주할 단기간의 결말 앞에서 다들 어떤 선택을 할는지…. 한탄일지, 아쉬움일지, 만족일지 못내 궁금하다. 그리고 가능하다면 부디 나와 같은 미화시킨 선택이길 바란다. 어차피 일어난 일, 어차피 바꾸지 못하는 거, 그냥 좀 예쁘게 봐주는 것도 괜찮지 않을까.

뭐, 제 글도 좀 예쁘게 봐달라는 건 아니고요…. 그냥 그렇다고요. (웃음)

투자의 평가는 무엇으로 하는가?

2020년 3월, 코로나19가 전 세계 증시를 있는 힘껏 흔들었다. 당시 나는 천운으로 지하 3층에서 빠져나왔고, 결국 증시가 지하 7층까지 하락하는 것을 목도했다. 운 좋게 피해를 줄이긴 했으나 도통 어떻게 대처해야 할지 모르는 상황. 그간 알고 지내온 투자자 M과 E의 조언이 여지없이 빗발쳤다.

M : 질러! 질러!! 이건 다시는 없을 기회야! 너… 그러다 후회한다~.

E : 한 방에 인생 바꿀 생각 마라! 그러다 한 방에 훅 가. 너… 그러다 후회한다~.

매번 이런 식이다. 말끝마다 후회한다며 협박이다.

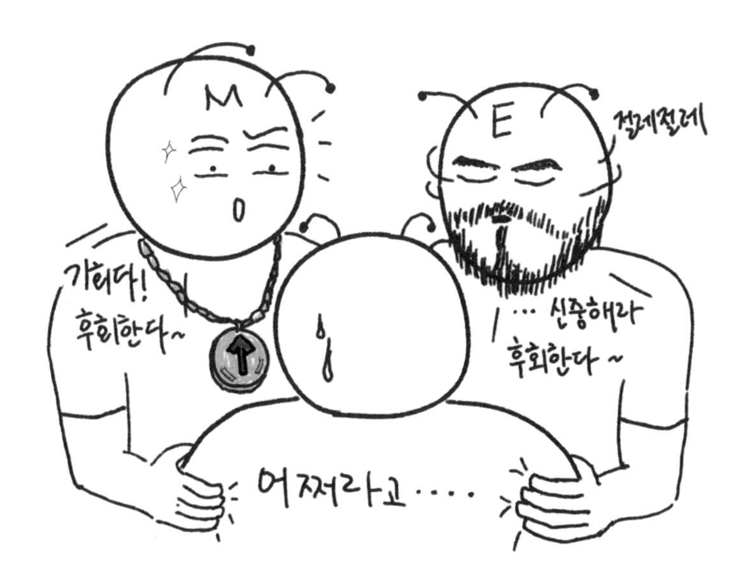

피로가 되고 살이 떨리게 되는 조언들.

M과는 오랫동안 알고 지내온 사이다. M은 바이오주와 남북협력 테마주로 재미를 제법 봤다. 트럼프가 미국 대통령으로 당선된 후 팽팽해진 미국과 북한의 긴장 관계는 북한의 경제 주도 성장 분위기에 힘입어 분위기가 급격히 반전되었고, 통일에 대한 희망도 높아진 만큼 관련 주가도 힘차게 올랐다.

그리고 제약·바이오주도 엄청난 랠리를 보였다. 매일 같이 무시무시할 만큼 오르는 주가. 사람들의 기대를 한껏 품은 제약·바이오 기업들의 주식은 지칠 줄 모르고 올랐다. M의 베팅은 점점 더 커졌고, 그에 비례하여 배포도 제곱으로 늘어났다. 결국 테마주를 잘못 건드려 큰 손실을 냈지만, 운이 없었을 뿐이라며 다음 기회를 노리고 있다.

알고 지낸 지 얼마 되지 않은 E는 촉이 그다지 좋지 않다. 아니, 좋다고 생각했던 촉이 엄청나게 무디다는 사실을 긴 기간의 경험으로 알게 됐다. 좋은 종목을 잘 사놓고는 너무 일찍 팔기도 하고, 확신을 가지고도 많이 사지 못해 큰 수익을 내지도 못했다.

좀 더 과감했으면 몇 배가 되었을 수익이 아쉽긴 하지만 E는 별 수 없다며, '지나고 나서 봐야' 아는 것에 미련을 갖지 않기로 한다. 지키고자 했던 다짐을 지키지 않았을 때, 결국 지키지 못했던 주식계좌에 많이도 아팠기 때문이다.

이렇듯 기회라며 과감해지라는 M과 알 수 없으니 신중해야 한다는 E. 과연 누구의 말을 들어야 할까.

── 선택의 결과

M에게는 과감한 구석이 있다. 도박사의 기질이 다분한 M은 큰 하락을 기회로 보고 단기간에 손실을 복구할 만큼의 규모로 질러버리라고 부추겼다. 무리한 투자로 큰 손실을 본 적도 있지만, '펀더멘털 측면에 문제가 없는 하락은 베팅의 기회'라며 이번만큼은

절대 '무리'가 아닌 '찬스'라고 주장했다.

그의 말마따나 2020년 1월 미국의 드론 공격에 따른 이란의 군 실세 암살 사건과 2월 코로나19 사태 발발로 인한 급락에 과감히 베팅한 것이 수익으로 이어지긴 했다. M은 자꾸 이때를 강조하면서 당시의 짜릿함을 생각해보라며 나를 설득했다.

반면에 E는 조심스럽고 고민도 많다. 정보를 접할 때부터 고민한다. 손에 쥔 정보가 사실인지, 그렇다면 살 것인지 말 것인지, 사면 어떤 일이 벌어질 수 있는지, 사지 않는다면 어떻게 될지, 수익과 손실의 폭은 얼마나 될지… 모든 게 고민거리다. E는 당연하게도 조심해야 한다며 말리고 나섰다.

위기가 기회의 탈을 쓴 것인지 기회가 위기의 탈을 쓴 것인지 모를 이 상황에서, 나는 결국 E의 말을 따랐다. 마음은 M과 같은 도박사의 심정이었지만, 아내와 E의 이성적인 우려와 설득에 과감한 베팅을 접고 시기를 쪼개어 좋게 봐오던 주식을 조금씩 사들였다.

그리고 1년이 지났다. "그때 내 말 들었으면 지금 수익이 엄청났을 텐데…"라는 M의 원망이 지금도 들리곤 한다. 이상하게도 어떤 상황이 지나고 나서 하는 말에는 힘이 있다. 확정된 사실에 달리는 이유와 주장은 묘한 설득력도 가진다. 그리고 "거 봐!"라는 말에는 어디 바늘이라도 꽂혀 있는지 들을 때마다 따끔거린다.

솔직히 M의 말을 듣지 않은 것에 한동안 후회했다. '그때 질렀으면…' 하는 아쉬움은 여기 적은 글보다 훨씬 강하고 깊고 길다. 하지만 그래도 자신할 수 있는 것은, 그때의 과감함이 확신일 순 없었기에 많이 불안했을 거란 사실이다. 테마주에 과감하게 베팅했던 수많은 경험이 어렵지 않게 이를 알려준다. 기대라는 마취제로 인해 당시에만 모를 뿐, 불안이 공포로 바뀌는 순간 마취는 맥없이 풀리고 다리도 풀리고 마니까.

이따금 올라오는 아쉬움에 입속이 텁텁하기도 했지만, 마음이 편안한 투자가 무엇인지 제대로 경험했다. 뒷심이 달렸던 '결과에 대한 막연한 예측과 기대'와는 다르게, 고민 끝에 추구했던 '과정의 편안함'은 시간이 지날수록 든든해지는 힘이 있었다.

그저 조금 더 생각하고 마음 편한 쪽을 택했을 뿐인데, 생각 이상의 결실을 얻었다. 수익의 크기에 관한 얘기가 아니다. 결과만으론 알 수 없는 수익의 질에 관한 얘기다.

—— 꽃길만 걸으려는 노력

수익의 질은 과정을 통해 결정된다. 마치 조금 더 길게 비추는 헤드라이트를 장착하고 운전하는 기분이랄까. 여차하면 브레이크를 밟을 마음의 준비가 갖춰져 있다는 것도, 그만한 여유를 두고서 가고 있다는 것도 투자 과정의 질을 높여줬다. 코앞만 비추는 헤드라이트를 달고 엄청난 속도로 달리면서 '여차하면 뛰어내려야지!' 했던 마음가짐과는 출처가 다른 무엇이었다.

당시에 무리하려던 시도가 성공으로 귀결되었더라도 아마도 이전처럼, 그 이전처럼, 그 이전의 이전처럼, 언제고 더 크게 위험해지는 날이 왔을 것이다. 자본금의 7배 레버리지를 고민했었다니… 한여름 어느 정도의 더위는 이 생각만으로도 잊힐 것 같다.

사실, M과 E는 '나(ME)'라는 한 투자자다. 주식 투자자로서의 나는 순간순간 다른 모습으로 분해서 목소리를 낸다. 코로나19 사태라는 큰 이변 이후로 도박사의 목소리가 많이 낮아지긴 했지만, 성향이 다른 두 투자자는 여전히 내 안에서 티격태격하고 있다. '나'이면서 내가 아닌 듯한 '나'. 주식 투자 이전에 자신을 아는 것이 먼저라고 하는데, 나는 이제야 조금씩 '나'를 알아간다. 갈 길이 여전히 아득하다.

수익의 결과로 투자를 평가하곤 한다. '번 놈이 고수지', '벌면 장땡이지'라는 말이 이를 대변한다. 지극히 공감하는 바다. 하지만 결정에 합당한 이유가 있고 과정에 충실했다면 비록 결과가 신통치 않더라도 괜찮다는 걸 이 경험으로 알았다. 과정에 주안점을 둔 투자는, 알 수 없는 결과를 염두에 두었을 때보다 확실히 명확하고 편안했다.

결과만 좋으면 다 좋다는 말을 누구보다 좋아하지만, 한 번으로 끝나지 않을 투자에서 반복된 행운은 누구도 보장하지 않았다. 꾸준한 투자를 위해선 지금의 편안함, 그러니까 과정에 충실한 것이 최선이라 믿게 된 이유다. 그런 이유로 혹시 자신의 원칙에 따라 최선을 다하고도 변변찮은 수익에 속상해하고 있다면, 나 자신에게 매일같이 해주는 이 말을 꼭 전하고 싶다.

"비록 결과가 좋지 않더라도 그 길이 합당한 근거와 이유로 채워져 있다면 좋은 길을 걸은 겁니다. 이번엔 운이 없었지만, 좋은 길을 애써 찾아 걷다 보면, 언젠간 꽃길을 더 많이 거닐게 될 거라 믿습니다. 그러니 그 길이 편안했다면 너무 속상해하지 마세요. 도착한 곳이 어디인지와는 상관없이 참 잘하셨습니다." (토닥토닥)

투자 사고의 블랙박스

지금까지 주식 투자에서 저지른 많은 실수를 고백해왔다. 무턱대고 매수한 급등주, 맞출 수 있을 거라며 시도한 단기 매매, 허황된 꿈 위로 대책 없이 쌓아올린 레버리지 등. 무모함의 끄트머리에서 놀며 적지 않은 사고를 쳤다. 깎아지른 절벽의 끝이 아찔했음에도 애써 무시했던 것은 '설마' 하는 마음에서였다.

떡도 먹어본 놈이 더 잘 먹는다고, 회가 거듭될수록 더 크게 해먹었다. 수십만 원, 수백만 원, 수천만 원. 실수가 거듭될수록 분명 배우는 게 있었는데, 이상하게 반복해서 사고를 쳤다. 매 순간이 데자뷰다.

몸에 밴 습관과 가슴으로부터 우러나오는 진심 어린 감성은 느낌 투자에 너무도 적합했다. 아… 불안한 기시감을 느끼면서도 같은 행동을 반복했던 나. 과연 이 답 없는 인간에게 방법은 없는 걸까?

—— 투자에서의 블랙박스

항공기엔 블랙박스라는 아주 중요한 장치가 있다. 운행 중에 발생한 대부분의 이벤트를 기록하는 장치로, 사고 시 상황에 관한 정보를 유지함으로써 사고의 원인을 규명하는 데 쓰인다.

원인을 알 수 없는 추락 사고가 발생했던 1950년대에 개발되어 1960년대에 장착이 의무화된 블랙박스는 많은 항공기 관련 사건·사고에서 지대한 역할을 하고 있다. 자동차에 장착되는 블랙박스가 이를 차용한 대표적인 사례인데, 굳이 설명하지 않아도 교통사고를 당해본 사람들은 이것의 유용함을 잘 알 것이다. 하지만 항공기의 블랙박스는 아주 중요한 목적이 하나 더 있다. 바로 사고의 재발 방지다.

> "항공 분야의 모든 지식, 규칙, 절차는 누군가 어디선가 추락했기에 존재하는 것이다."

동명의 영화로도 제작된 '허드슨강의 기적'으로 널리 알려진 설리 기장의 말마따나, 매번의 추락은 미래의 비행을 더 안전하게 만들어준다. 안타까운 일이지만 지금의 갖가지 비행술은 지난 사고로부터의 배움인 거다.

그러니까 블랙박스는 사고의 원인 규명과 함께 이를 분석하여 다음 사고를 예방하겠다는 더 큰 목적을 가진다. 동일한 사고로 또 다른 안타까움이 발생하지 않도록 사고로부터 배운 모든 것을 개선하기 위함이다. 절대 반복하지 않겠다는 마음가짐에서 나오는 노력. 그 노력의 결실이 블랙박스라고 불리는 비행 기록 장치다.

주식 투자에서도 비슷한 역할을 하는 것이 있는데, 바로 '투자일지'다. 매매뿐만 아니라 그 이유와 앞으로의 계획도 적어두는 투자의 기록. 이 기록을 통해 자신이 했던 투자 행동을 판단하고, 앞으로는 어떻게 할 것인지에 대한 대책을 세울 수 있다. 어이없는 짓을 반복해온 내겐 절대 반복하지 않겠다는 다짐을 위한 최소한의 노력, 즉 투자일지가 필요했다.

항공업계에 종사하는 한 사람으로서 이 블랙박스의 중요성은 익히 알고 있었다. 그리고 주식 투자에서 블랙박스 역할을 하는 것이 투자일지라는 것도. 그런데도 투자일지를 작성하지 않은 것은 '예사로' 여겼기 때문이다. 그런다고 뭐가 달라지겠냐는 식의 지나치게 가벼운 생각 탓이었다.

투자일지 작성을 권유하던 많은 사람들의 얘기에도 그 효과를 몰랐으니 귀찮음이 앞섰다. 하지만 '내가 지금 무슨 짓을 한 거지?'라는 반복되는 질문과 "매번 똑같은 행동을 반복하면서 다른 결과를 기대하는 것은 미친 짓이다."라는 아인슈타인의 대답이 결국 나를 책상으로 이끌었고, 떠밀리듯 몇 자라도 끄적이게 만들었다.

그런데 이게 뭔가. 별 기대도 하지 않았던 기록의 효과는 생각보다 대단했다. 느낌으로 움직였던 탓에 거래내역을 봐도 무슨 연유로 사고팔았는지 몰랐던 종목들이 투자일지를 기록하면서부터는 제 역할과 스토리를 제법 분명하게 가지게 된 것이다. 그리고 그런 기록은 지난날의 내 결정이 얼마나 합리적이었는지, 아직도 유효한지에 대한 판단을 가능케 했다. 기억의 왜곡은 너무나도 흔한 일인지라 의지할 게 못 되지만, 기록은 '빼박'이라는 기본 속성으로 가당찮은 '과오의 미화'까지 차단했다.

—— 별 기대 없던 기록의 효과

내가 쓰고 있는 투자일지란 거창한 게 아니다. 꼼꼼하지도 않고 매번 적지도 않는다. 그저 '이 종목이 좋아 보인다, 이유는 이렇다, 얼마 정도 사야겠다' 정도의 투자 아이디어를 적은, 간단한 메모 형식의 글이 다다. 간혹 관심이 커지거나 생각보다 많은 정보를 접하게 되면 참고용으로 내용을 보충하기도 하지만, 되도록 간략히 쓰려고 한다. 공을 들여 완벽하게 쓰기보다 대충 쓰더라도 꾸준히 쓰는 게 목표이기에 그렇다.

이를 통해 이전엔 절대 이길 수 없었던 날뛰던 마음을 차분해진 머리가 거뜬히 제압했다. 실로 편안한 상태. 이게 중요하다. 언제나 이성이 갈피를 못 잡고 마음을 따를 때 문제가 생겼다. 하지만 투자일지를 적고 난 후부터 원치 않게 제자리를 맴돌거나 목적지를 알지 못해 발길 닿는 대로 가던 일이 줄었다. 내 앞에 '글'이라는 형태로 드러나 있는 지나온 길과 나아갈 길이 방황할 여지를 많이 줄여준 덕분이다.

잘못된 길을 갈 수는 있다. 살다 보면 그런 일은 비일비재하다. 그렇지만 잘못된 길을 선택해 더 많은 미로를 헤매더라도 언제든 온 길을 되짚어 돌아 나올 수만 있다면 내딛는 발걸음이 그리 두렵지만은 않을 테다. 뭔가 잘못되었을 때 어디쯤에서 다시 시작해야 하는지를 알 수 있다는 것은 그렇게 든든한 것이다.

그동안 같은 시험에서 매번 같은 답안을 작성한 것은 제대로 채점해본 적이 없기 때문이다. 어떤 문제가 틀렸는지 알 수 없는데 어찌 답을 바꿀 수 있겠나. 지금 받는 50점이라도 유지하려면 안전(?)하게 똑같은 답을 골라야 한다.

내가 또 그러면 개미가 아니다. 내가…

하지만 채점된 오답지를 받아들고 재시험을 치른다면 이야기는 달라진다. 비록 문제도 어렵고 무수히 많은 해답과 오답이 있는 다지선다형 시험이지만, 무엇이 해답에 가깝고 무엇이 확실한 오답인지를 아는 것만으로도 조금씩 더 나은 점수를 받을 수 있다.

그래서 투자하는 모든 이들이 자신만의 블랙박스를 장착했으면 한다. 그로부터 배우고, 버리고, 강화하고, 개선해서 다 함께 사고를 줄였으면 좋겠다. 나의 어설프기 짝이 없는 이런 낮은 사양의 블랙박스도 도움이 되는데, 다른 사람들은 블랙박스로 얼마나 효과를 볼지 벌써 기대가 된다.

고백하자면 이 글도 내 블랙박스 기록 중 하나다. 요즘 바쁘단 핑계로 몇 자 적는 것에 소홀해지려는 나를 이렇게라도 붙들어 맨다. 남들에겐 꼭 적으라고 해놓고 나 자신은 적을까 말까를 고민했다니…. 다행히 염치는 있는지 얼굴이 제법 달아오른다. 이번에도 역시, 기록의 '빼박' 기능이 여지없이 잘 작동하는 것 같다.

월급의 재평가

책 《블랙 스완》의 저자로 유명한 나심 니콜라스 탈레브는 인생에서 가장 해로운 중독 세 가지로 헤로인, 탄수화물, 그리고 월급을 꼽는다. 월급. 월급이라… 생각해보니 반론의 여지가 없다. 아니, 과하게 동의했다. 나도 모르게 기다리게 되고, 언제나 부족함을 느끼며, (월급날이) 지나고 나면 허망함을 느낀다. 그리고 다시 기다려진다. 무엇보다 '없으면 못 살 것 같다'는 이 상황과 느낌이 월급은 중독이라는 의견에 격하게 공감하도록 만든다.

—— 월급은 과연 중독인가?

주식 시장에서 벌어진 지난 몇 번의 폭락장이 또다시 떠오른다. '그때 과감하게 질렀어야 했는데…'라는 아쉬움이 슬며시 고개를 든다. 기회를 놓친 것만 같고, 그래서 이렇게 월급쟁이로 살고 있는 것만 같다. 고개를 든 아쉬움 옆으로는 어느새 후회가 찾아와 거들고 난리다.

그렇게 심하게 고개를 끄덕이고 나니 머리도 좀 아프고 살짝 우울해진다. 월급이라는 달콤한 유혹에 빠져 이 생활을 10년 넘게 해왔다고 생각하니 어째 허무하다. 대출 갚고, 카드값 갚고, 대출 갚고…. 제대로 즐긴 적도 없는 것 같은데 중독씩이라니.

이래선 안 된다. 이럴 땐 격한 감정이입보단 합리적인 시선이 필요하다. 바꿀 수도 없는 현재 상황에 매몰되면 생각 자체가 불가능해진다. 그래서 나 자신에게 질문 하나를 던졌다.

"애초에 월급은 반드시 끊어야만 하는 나쁜 것인가?"

오늘도 유튜브에서는 회사를 나와 성공했다는 사람들이 말한다. "어서 빨리 월급의 노예에서 벗어나세요!", "회사는 당신의 미래를 책임져주지 않습니다!" 마치 당장에라도 회사일을 줄이거나 끊어야 할 것 같은 느낌에 사로잡힌다. 그런 말에 휘둘리다 보면 별격

정 없이 편안했던 삶에 작은 파고가 일렁이기 시작한다.

매너리즘에 빠지지 않도록 유연한 사고를 일깨우고 미래를 준비하면 그만인데, 부정적인 관점에 지나치게 공감하는 태도는 현재 상황을 문제로 바라보게 만든다. 어찌 보면 그런 상황을 해결하기 위한 조급한 마음이 한탕을 선호하게 만드는지도 모르겠다.

—— 월급 인생에 숨겨진 함의

월급 인생을 적잖이 평가 절하하는 분위기다. 아무래도 자산 상승의 시기이다 보니 더 심한 것 같다. 0%대 은행 금리와 인플레이션을 이유로 들어가며 가지고만 있었어도 비싸졌을 자산에 대한 극찬이 넘쳐난다.

나도 언젠가는 월급쟁이 인생에서 벗어나고 싶다. 꼭 그렇게 할 거다. 하지만 그것이 결코 나쁜 거라서가 아니다. 더 좋은 것을 위해 다른 곳으로 가려는 거다. 직장생활을 '어서 벗어나야 하는 굴레'라고 바라보는 관점이 불편한 이유다.

사업하기 좋은 시대이고 다양한 직업군이 있지만, 직장인이 대다수인 것은 그것이 쉬워서도, 그들이 안일해서도 아니다. 그 자체도 성취라는 점을 간과하면 안 된다. 월급은 미래의 수입을 안정적으로 만드는 제법 확실한 방법이다. 월급을 쉽게 보는 것은 그 안에 담긴 지속성과 안정성을 간과하기 때문일 테다.

알게 모르게 대부분은 그 지속성과 안정성을 위해 월급 받는 직장인을 선택한다. 그리고 그런 안전함에 몸담는 것도 꽤 괜찮은 전략이다. 삶은 기본적으로 뜻대로만 흘러가지 않는다. 실력을 키워 내 사업을 하겠다는 계획이 아직도 빛을 보지 못하는 까닭은 단지 월급에 길들여져서가 아니라 그것이 어렵기 때문이다. 평범한 사람이 이룬 대단한 경제적 성공이나 단기간에 거둔 성취가 널리 회자되는 것은 역설적이게도 그걸 이루어낸 과정이 평범하지 않기 때문이다.

하루라도 일찍 경제적 독립을 이루고 싶다. 다만 직장이 족쇄라는 생각만은 하지 않으려 한다. 아직 조그마한 나는 그저 험난한 인생에 맞서기 위해서라도 회사라는 울타리 안에 잠시 머물고 있다. 최소한 당장 회사 실적을 걱정하지 않고도 내년의 수입을 예상할 수 있고, 휴일엔 오롯이 내 삶에 집중할 수 있다는 것도 상당한 경쟁력이다. 그 경쟁력을 잘 살려 성장하다가 울타리를 넘을 계획이다.

주식 투자의 관점에서 보면 월급은 시간제한이 있는 화수분과 같다. 어느 정도 예측 가능한 시기 동안 꾸준히 돈을 만들어 내는 화수분. 비록 나의 시간과 노동력을 갈아 넣어야 하지만, 대체로 큰 리스크를 감수하지 않고도 얻을 수 있는 꽤나 편안한 돈이다. 그리고 지속성 있는 돈은 리스크가 있는 투자에 더할 나위 없이 적합하다. 월급 받는 직장인이 주식 투자에 유리한 한 가지 이유다.

주식 투자를 하면서 하루 만에 월급 정도의 돈을 벌었을 때, 한 달 동안 꼬박 일해서 번 돈이 시시해 보인 적이 있다. 주식만 해도 더 잘 벌 수 있을 것 같은 느낌. 하지만 몇 달치 월급을 하루 만에 잃어보기도 하면서 알게 된 것은, 주식을 잘한다는 게 쉽지 않다는 것과 그럼에도 다음 달 월급은 들어온다는 것이었다. 주식보다 확실하게 잘할 수 있는 일로 돈을 번다는 건 생각보다 든든한 일이다.

그러니 이제 월급을 다른 관점에서 바라봐도 될 것 같다. 뭐가 좋을까. 상추. 그래, 어느샌가 자라 있는, 어느 정도의 정성만 들이면 긴 시간 동안 키우면서 계속 뜯어 먹을 수 있는 상추. 월급을 그렇게 바라보면 어떨까 싶다. 그것만으로 충분하진 않겠지만, 마음의 한 편에 1년 내내 먹을 게 있다는 든든함이 자리하면 조금이나마 삶을 유유자적하게 만들 수 있다.

— 월급은 상추다

월급은 상추다. 이렇게 생각하니 괜히 든든해진다. 좀 억지스러우면서도 다분히 자기만족적이고 거기다 친환경적이기까지 해 마음에 든다. (웃음) 성취와 어감이 비슷한 것도 그렇고, 무엇보다 중독보단 훨씬 낫다. 월급을 하찮게 여겼더니 삶이 하찮아지더라. 그래서 월급 받는 모든 이에게 월급은 나름의 성취이고 든든함이라고 얘기해주고 싶었다.

'이것이 아니어도 괜찮아' 하는 마음과 '다음'을 만들 수 있는 환경은 투자에서 매우 강력한 무기다. 그리고 월급은 이를 더 단단하게 만드는 제법 확실한 도구다. 가끔 이를 떠올리며 주가의 등락도 회사생활의 고단함도 무탈하게 견뎌내길 바라본다.

부디 오늘도, 가능하면 즐거운 마음으로 상추를 키우시길. 그리고 그런 든든함 속에서 편안하시길. 오늘도 출근하는 한 개미가 기원합니다.

주식 투자자 진화론

많은 사람이 투자 스타일을 획기적으로 바꾸는 때가 있다. 이는 저마다 투자시장에서 살아남기 위해 적응하려는 진화론적인 모습으로 비춰진다. 인간이 투자에 적합하지 않은 이유가 여전히 유인원 단계에 머물러 있는 본능 때문이라는데, 이를 극복하고 한 단계 발전하는 사람들을 볼 때면 나는 내 안의 투자 유인원도 어서 빨리 진화하기를 바라게 된다.

그리고 이것은 오로지 나만의 생각인데, 나는 네 발로 나무에서 생활하던 최초의 인류에서 도구와 손을 사용한 호모 하빌리스를 거쳐 조금이나마 생각이란 걸 하게 된 호모 사피엔스로 겨우겨우 넘어가고 있는 듯하다. 너무 후한 평가라면 흔쾌히 주워 담을 수 있긴 한데, 낙관적이고 싶은 나는 내심 그렇게 믿고 있다.

2020년 3월 말, '잘 모르겠고, 질러!'라던 마음을 '편하게 투자하자'던 마음이 이긴 날. 나는 확실히 생존에 유리한 위치로 한 발 내디뎠다.

주식투자자 진화론

—— 처절했던 진화의 과정

진화의 과정이 포켓몬처럼 화려하진 않았다. 오히려 처절했다. 앞에서 우리은행 주식을 산 후 10원 하락에 바로 손절했던 2008년의 경험을 얘기한 적이 있다. 최초의 주식 투자. 떨렸던 손과 요동치던 심장이 아직도 생생하다. 총평가 손실 160원, 내 얘기를 들은 이들의 안쓰러운 눈빛도 잊히지 않는다. 나는 그만큼 미숙했고 겁이 많았다.

당시 주식 시장에 첫발을 들였을 땐, 마치 미지의 숲을 탐험하는 느낌이었다. 포식자가 즐비하고 독버섯이 빼곡히 자라고 있는 위험천만한 미지의 숲. 하지만 난 그런 위험을 알아차릴 수 없었다. 실수로 떨어뜨린 돈이 이리 뜯기고 저리 뜯겨 반만 남았을 때, 옛 성현들의 말씀이 떠올랐다. "주식하는 거 아이다. 내 망하는 사람 여럿 봤다 아이가…." 보란 듯이 수익으로 반박하고 싶었는데, 결국 고개를 떨구고 말았다.

주식 시장을 다시 찾았을 땐 약간 흥분되고 조금은 비장했더랬다. 어쩌다 보니 아이가 넷. 돈을 불려야 한다는 절박함이 극에 달했고, 잘할 수 있다며 자기 최면을 걸었다. 그렇게 억지스러운 용기를 만들어냈다. 무모함이라는 명찰을 단, 급조된 용기였다. 그리고 무모함은 초심자의 행운과 만나 투자의 두려움을 짜릿함으로 착각하게 했다. 10원 하락에도 손절했던 개미의 간땡이가 10~20만 원의 운좋은 수익에 날이 갈수록 커졌다.

빙하기를 거치며 나무에서 식량을 구하지 못하자 지상 생활에 정착한 초기 인류처럼, 다섯 식구를 거느린 나도 월급만으로는 어쩔 수 없을 것 같은 환경에 적응해야 했다. 생존을 위한 본능적인 시도가 이어졌다. 급등주를 따라잡다가 수없이 넘어졌고, 테마주를 잡기 위해 팠던 함정에 내가 빠져 곤욕을 치렀다. 뼈아픈 경험이 반복되었고 마지못해 투자 지표와 리포트를 들여다보기 시작했다. 도구를 사용하는 인간으로의 진화였다.

도구를 사용하는 것은 여러모로 많은 도움이 되었다. 누군가 공들여 조사한 정보와 전망 자료를 도구로 사용할 수 있게 되자, 맨몸으로 헤쳐나가던 숲에서 사냥 도감과 지도를 손에 쥔 느낌이었다. 자연히 위험한 곳은 피하게 되었고, 감당할 수 없는 사냥감은 건드리지 않게 됐다.

하지만 다년간 숙련(?)된 사냥 습관은 하루아침에 크게 달라지진 않았다. 아무리 좋은 종목을 사도 나도 모르게 어느새 팔아 버렸고, 그와 동시에 어느 틈에 사들인 종목은 어떤 연유로 내 주식계좌에 들어와 있는지 모를 때가 여전히 많았다. "니가 왜 거기서 나와~?!"라고 매번 놀랐지만, 그저 전망이 좋다는 소식과 함께 주식계좌에 진열해둔 종목은 날이 갈수록 늘어갔다. 그러다 '빵!' 코로나19 사태가 터졌다.

'사람은 그렇게 간단히 변하지 않는다'고 했던가. 아무리 마음을 다잡고 달래도 단기간에 큰돈을 벌고 싶은 마음은 자고 일어나면 자라나는 잡초와 같아서 잠시만 방치하면 머릿속을 온통 뒤덮어 버린다. 그래서 판을 키웠다. 기회라는 생각으로 신용대출에 마이너스 통장까지 모두 끌어모으고는 주식 담보 대출까지 받기에 이르렀다.

그런데 '세상은 뜻대로만 흘러가지 않는다'고도 했던 걸 까맣게 잊었다. 무리하게 키웠던 1억 2,000만 원의 레버리지는 수익의 짜릿함을 맛보기도 전에 손실의 아픔만 한 보따리 가져다주었다. 막연한 기대에 기댄, 안일한 행동은 집안의 기둥을 장작으로 쓰겠다고 도끼질한 것과 다르지 않음을 뒤늦게 깨달았다.

어느 정도껏 빠져야지…, 주가지수는 전문가들의 예측을 깡그리 무시하고 바닥을 지나 지하 1층, 지하 2층을 시원하게 뚫고 내려갔다. 하기야, 주식 시장이란 녀석이 언제 전문가들 눈치를 본 적이 있었나. 멋모르고 식당을 뛰어다니는 아이를 보며, "우리 애가 원래 저런 애가 아닌데…"라는 부모처럼 난처해하는 전문가들의 고충이 고스란히 전해졌다.

그리고 나 역시, 알 수 있을 거란 기대와 잘할 수 있다는 착각을 그제야 접고, 심각하게 반성하기 시작했다. 4000만 원의 손실을 떠안은 만신창이의 모습으로 또 다른 진화가 시작되고 있었다.

—— 진화의 결과

진화를 거쳤다고 해서 그리 큰 발전이 있었던 건 아니다. 여전히 부족하고 모자라다. 그저 살아남기 위해, 그제야 동물처럼 반응하던 모습에서 조금은 사람처럼 생각하고 행동하게 됐다. '이러다 골로 가겠는걸…' 하는 위기감. 한마디로 '세~게' 데어 정신이 번쩍 들었다는 이야기다.

덕분에 한 가지 확실한 변화는 있었다. 바로 주식 시장을 바라보는 관점의 변화다. 분명 주식 시장은 제멋대로인 그 모습 그대로인데, 내 눈에 비치는 주식 시장은 이전과 많이 다르게 보였다.

'잘' 예측할 수 없는 반항기의 청소년 같았던 주식 시장이 '전혀' 예측할 수 없는 갓난아기로 보인다고 해야 하나. 사력을 다해 이해하려던 노력 대신에 '그럴 수도 있지'라는 관대함 비슷한 것이 생겼다.

뜻대로 되지 않는 자식을 있는 그대로 받아들이기로 한 부모가 된 것처럼, 기대를 섞지 않으니 욕심이 줄었고, 허황된 믿음을 애써 누르니 실망할 일도 줄어들었다. 마음을 비운다는 건, 마음을 편하게 하는 데에 월등한 것이었다. 그리고 그런 편안함 속에서 복구한 손실은 수익보다 몇 배는 값졌다.

진화론적 관점에서 모든 실패는 시행착오로 분류된다. 진정 실패했다면 이미 멸종했어야 했기에 이를 학습이나 발전이라고도 한다. 그러니까 모든 경험은 진화를 위한 학습이다. 그리고 실패의 순간은 미래의 생존 확률을 높이기 위한 가장 값진 경험이다. 아직 주식 시장에서 생존하고 있는 우리는 발전하고 있는 거다. 간땡이가 붓는 부작용이 있기는 했지만, 그런 과정을 거쳐 진화는 계속

된다.

다시 생각해보니 포켓몬의 화려한 진화도 그 계기는 시련이었다. 강해지고 싶다는 바람과 소중한 이를 지켜주고 싶다는 의지가 만들어 낸 성장. 나 역시도 주식계좌를 견실하게 만들고, 가족을 지켜내고 싶다는 바람으로 조금씩 성장하고 있다고 믿는다.

오늘도 많은 투자자들이 감당 안 되는 주식 시장에서 적응 중이다. 혹시 지금 부대끼거나 답답하다면 진화의 단계에 들어선 것일지도 모른다. 고민하고 더 잘하고 싶은 마음이 커지는 매일의 성장이 진화로 이어지길 바란다. 이제는 진화에 순응할 때다.

'돈! 돈!' 했지만 '돈 케어' 했지요

2020년 중순, 우연히 유튜브로 한 사업가의 강연을 접했다. 그리고 암세포도 생명이라는 한 연속극의 대사가 떠올랐다.

"돈은 인격체입니다."

생각이 작전 타임을 외쳤다. 뭐지? 무슨 말이지? 이제까지 돈에 대해 가졌던 내 생각과 다른 견해에서 오는 이질감이 '암세포도 생명'이란 말과 비슷한 느낌을 자아냈다.

돈이 어떻게 인격체라는 걸까. 궁금함 속에서 강연은 이어졌고, 끄덕여지던 고개는 돈에 대한 이질감을 부수고 신선함을 드러나게 했다. 자식(이자)도 낳고, 사람을 해치기도 하고 돕기도 하는 돈은 자아를 가진 인격체나 다름없다는 이야기. 돈을 함부로 대하면 돈은 절대 곁에 머물지 않는다는 그의 돈에 대한 관점은 그렇게 돈에 대한 내 태도를 바꾸게 했다.

두둥~, 돈도 보고 듣고
느끼는 게 있다고 합니다.

—— 인격화된 돈과의 관계

신선함이 제법 오랫동안 이어졌지만, 어느새 잊힐 것을 염려해 강연을 바탕으로 엮은 책을 샀다. 강연에서 돈은 언제든 좋은 곳으로 보낼 줄도 알아야 한다고 했는데, 그 배움을 처음으로 도서 구매에 적용했다. 응? 뭔가 낚인 느낌? 하지만 걱정도 잠시, 그 책은 곁에 두기에 모자람이 없었고 좋은 곳으로 돈을 보냈음을 확신했다.

책에선 많은 내용을 '인격화된 돈'으로 설명하고 있었다. 돈도 감정이 있어서 함부로 대하면 떠나간다는 것과 소중한 친구 대하듯 존중하면 다른 돈 친구들도 데려와 곁에서 머문다는 이야기. 읽는 중간중간에 졸고 있다 찬물을 한 바가지 맞는 느낌이었다. 그리고 그동안 왜 내 옆엔 돈이라는 친구가 왔다가 떠나가고 다시 마주칠라치면 휙 돌아가 버린 것인지 알 것 같았다.

확실히 함부로 대한 돈은 어딘가로 사라졌다. 간다는 말도 없이 떠났다고 생각했는데, 곰곰이 되짚어보니 돈 벌어오라는 내 등쌀에 못 이겨 도망갔고, 뭐라도 해보러 나갔다가 험한 세상에서 흉한 일을 당한 것만 같다. 묻어둔다며 주식에 보냈던 돈은 얼마나 깊이 묻혔는지 반으로 쪼그라들었고, 크게 한 방 먹겠다며 도박하듯 베팅했던 돈은 어딘가로 사라져버렸다.

심지어 귀양살이하고 있는 돈도 있다. 거래 정지로 인해 볼모처럼 잡혀있는 돈. 투자라는 미명 아래 보냈던 그 돈은 지금 어떤 심정일까. 갑자기 사무치게 미안해진다. 보나 마나 많이 상해서 돌아올 듯한데, 다시 돌아와 주기만 한다면 정성을 다해 보살필 생각이다.

—— 돈에 대한 태도

책을 읽고 많은 생각을 했다. 그리고 어떻게 하면 이 배움을 잊지 않고 항상 염두에 둘 수 있을지도 생각해봤다. 내 상황에 와닿는 '나만의 관점'이 필요했다. 그리고 절대 가볍게 대할 수 없는 질문을 찾아냈다.

"내 자식을 아무데나 보낼 수 있는가?"

나는 자식이 넷이나 되니까 한 명쯤은 세상을 놀라게 할 희대의 사기꾼으로 키우고 싶다는 생각을 한 적이 없다. 혹시 모르니 두 명 정도는 사회주의 체제에서 키워보면 어떨까 궁금해했던 적도 없다. 미우나 고우나 내 자식은 좋은 것만 보고, 좋은 것만 먹고, 좋은 길을 따라 좋은 곳으로만 갔으면 하는 게 부모 마음이다.

돈을 최고로 여기고 우선시하겠다는 게 아니다. 내 삶을 돕는 인격체에 대해 최소한의 예의를 갖추겠다는 의미다. 그래서 이런 마음은 자식을 부모, 아내, 친구, 하다못해 안 지 얼마 되지도 않는 옆자리 동료로 바꿔 생각해도 크게 달라지지 않는다. 아끼면 안위를 신경 쓰게 되니까.

그런 마음으로 돈을 대하기로 했다. 그리고 솔직해지기로 했다. 정말 소중하고 존중하는 마음이 있다면 겉치레는 거치적거릴 뿐이다. 그래서 돈 친구에게 담담하게 고백했다. 난 네가 필요하다고. 그러니 이제부터라도 같이 잘 지내보자고. 그랬더니 좀 친해졌다.

흔히들 돈을 좇으면 돈이 도망간다고 말한다. 하지만 돈을 잡아 죽일 듯 눈에 불을 켜고 좇는 경우에나 그랬다. 어디 무서워서 잡히겠나. 뒤도 안 돌아보고 도망갈 게 뻔하다. 즐겁게 술래잡기하듯 돈을 좇다 보니, 그 모습에 다른 돈도 '나 잡아 보라'며 함께했고 그렇게 '함께 노는 돈'이 늘어났다. 그중 하나만 제대로 잡으면 그때부터 돈이 나를 따라다니고, 다른 돈도 더는 내게서 도망가지 않는다. 우리는 같은 편이니까.

강연자였던 '스노우폭스' 김승호 회장 말마따나 돈은 뒤끝이 없었다. 돈을 소중히 여겨 함부로 대하지 않으니, 어느 결에 돈이 내 곁에서 소꿉놀이하고 있다. 우습게 봤던 3~4%의 연간 배당이 이렇게 쏠쏠할 줄이야. 그리고 신재생 에너지, IT/반도체 등 좋아 보이는 곳에 조심스레 보냈던 뭉텅이 돈들은 쾌적한 환경에서 무탈하게 자라나고 있다. 아끼는 마음에 조금 더 알아보고 또 신중했던 덕분에 안도와 뿌듯함도 덤으로 따라왔다.

'진작 이렇게 할걸' 하는 때늦은 후회도 있다. 하지만 이제야 좀 친해진 쿨(Cool)~한 돈처럼 나도 과거는 생각하지 않는 쿨(Cool)내 진동하는 투자자가 되기로 한다. 그리고 앞으로도 돈이라는 친구를 소중히 여기고 함부로 대하지 않으면서 잘 지내볼 생각이다.

나는 돈과 조금 더 가까운 사이가 되려고 하는데, 나와 같은 세상을 살아내고 있는 당신의 선택이 못내 궁금해진다.

주식 투자에 필요한 능력은 따로 있었다

"좋은 종목을 어떻게 찾아요?"

장담컨대 여기에 해답을 내놓는 순간, 정답과 오답을 동시에 답하는 신비로운 경험을 하게 된다. 질문의 정체성 없음과 해답의 부질없음을 맞이하는 순간, 맞을 수도 있고 틀릴 수도 있는 이야기에 장황한 조건과 단서들이 들러붙는다.

우선 좋은 종목이라는 기준이 모호하다. 누군가에겐 회사의 사정과는 무관하게 주가만 화끈하게 오르면 좋은 종목일 수도 있고, 또 누군가에겐 화끈하진 않지만 심심한 주가의 파고처럼 안정적으로 돈을 벌 수 있는 종목이 좋은 종목일 수도 있다. 물론 대부분이 돈도 잘 벌어주고 주가도 화끈할 종목을 선호하겠지만, 우리는 대개 이걸 행운이나 욕심이라고 따로 분류한다.

출구를 알 수 없는 미로를 헤매는 투자자

그리고 '어떻게'라는 방법론에서 또다시 멈칫하게 된다. 이는 부산에서 서울로 가는 방법에 대한 논의와 비슷하다. 언뜻 보기에 비행기, KTX, 버스, 자가용 등 몇 안 되는 선택지만 있는 것 같지만, 이 좁은 선택지에서도 개인별 여건과 상황에 따라 많은 고민이 뒤따른다.

시간과 비용은 선택의 함수에서 결과에 영향을 주는 아주 큰 변수다. 게다가 히치하이킹, 자전거, 도보, 그리고 상상하기 어렵겠지만 배라는 돌발 변수도 간과해서는 안 된다. 간단해 보이는 1차 방정식이 고차 방정식으로 변모하는 경우는 이밖에도 부지기수다.

찍는 종목마다 회사가 점점 좋아져 이익을 내고, 그에 맞춰 주가도 쭉쭉 뻗어 나가는 걸 알아내는 신기방기한 능력. 나도 그런 능력을 탐냈다. 그런데 그게 어디 말처럼 쉬운가. 많은 펀드 매니저들이 코스피200 같은 벤치마크 수익률을 넘어서는 것을 최대 목표로 삼는다는 사실은 투자를 업으로 삼고 온종일 매달려도 결코 쉽지 않은 일임을 여실히 보여준다.

그러다 보니 이 세계에 발을 담그고 나면 시기의 차이만 있을 뿐 한없는 무력감을 느끼는 때가 온다. 도통 어디쯤인지도 모르는 상황에서 망망대해에 노도 없이 떠 있는 기분. 이런 기분이 들 때 투자는 위협받는다.

—— 주식 시장에서의 실력이란

주식 시장에서는 시작부터 끝까지 선택의 연속이다. 하나의 선택이 다른 선택에 영향을 주고, 선택지를 추가하면 선택의 결과는 제곱만큼 늘어난다. 그래서인지 시작은 비슷해도 사람마다 도달하는 투자의 끝은 천차만별이다. 그 끝에서 울고 웃는 사람들. 더 많이 웃으려면 도대체 뭘 해야 할까.

실력이 늘면 선택도 쉬워질 거라 생각했다. 그리고 많이 아는 것이 실력이라고 믿었다. 그런데 그게 아니었다. 추천하는 책을 읽고 전문가들을 따라 하며 실력이 향상되기를 기대했지만, 내게 쌓이는 지식과 노하우란 일상에 내려앉는 먼지만큼이나 미미한 것이었다. 훅~ 불면 사라질, 무게감이라곤 찾아볼 수 없는 '아는 것'들은 이상하게도 힘을 갖지 못했다. 아는 것이 힘이어야 하는데, 선택지만 늘리게 만드는 '알기만 하는 것'은 병이 되곤 했다.

정작 내게 필요한 것은 '생각할 시간'이었다. 아는 것을 토대로, 따르던 노하우를 도구 삼아 앞날을 그려봤어야 했다. 아는 것이 곧 예측으로 이어질 거라는 환상에서 벗어나 스스로 상상할 줄 알아야 했는데, 상상력의 결핍은 투자 수익의 궁핍으로 이어졌다.

2009년 개봉한 영화 〈미스터 노바디〉에서는 곧 임종을 맞이할 '니모 노바디'라는 할아버지가 나온다. 그는 더 이상 죽음이라는 개념이 없는 2092년에 자연 노화로 사망할 마지막 사람이다. 그리고 죽음과 함께 후회와 아쉬움도 사라진 세상에서 유일하게 회한이라는 감정을 가진 인물이기도 하다.

니모의 이야기를 기록하고 싶어 하는 기자에게 기억을 더듬어 말하는 그의 삶에는 도통 일관성이 없다. 방송 진행자였고 사업가였으며 동시에 수영장 관리인이기도 했던, 한 번에 여러 삶을 산 것처럼 말하는 니모는 이야기를 듣고 있는 기자도, 보고 있는 나도 혼란스럽게 만든다.

물에 빠져 죽었고, 총에도 맞아 죽었다고 얘기하는 눈앞의 니모. 혹시 나이로 인한 기억의 왜곡인가 싶어 조각나 있는 이야기들을 끊임없이 들춰보지만, 도통 뭐가 뭔지 알 수가 없다. 이야기가 이어질수록 더욱 혼란스러운 상황에서 니모는 이 모든 의문의 연결고리를 풀어줄 생뚱맞은 사실을 알려 준다.

"우린 아홉 살짜리 아이의 상상 속에 있을 뿐이지."

"우린 불가능한 선택을 앞에 둔 아홉 살짜리 꼬마의 상상인 거야."

지금까지 했던 모든 이야기는 여러 가능성을 가늠하고 있는 아홉 살 꼬마의 상상일 뿐이고 현재 상황 역시 그런 상상의 연속이라는 것이다. 그렇게 들어맞지 않았던 그간의 이야기들을 '상상'이라는 두 글자로 딱 들어맞게 만들어 버렸다.

부모의 결별로 어느 한 쪽을 선택해야 하는 아홉 살 소년 니모는 상상 속 여러 선택의 갈림길을 돌고 돌아 118세의 삶에 도달했던 거다. 과연 니모는 원하는 길을 찾을 수 있을까?

다행히 상상 속 임종의 순간, 니모는 자신을 진정으로 행복하게 해줄 선택의 길을 찾는다. 그리고 모든 것이 시작된 선택의 순간으로 돌아간다. 선택 전에는 어떤 미래가 다가올지 아무도 모르고,

모든 것은 그 어떤 상상과 함께 가능성으로 열려 있음을 암시하며….

"난 이야기의 끝에서 시작해 처음으로 향해 가지."

아홉 가지 인생 시나리오를 가진 니모의 마지막 말이 의미심장했다. 그래서 상상의 마지막에 선택의 지도를 가진 니모처럼 나의 투자도 끝에서 시작해 처음으로 향해 가보기로 했다.

—— 상상력과 끝에서 시작하기

어찌 보면 우리에게 필요한 실력은 상상력일지도 모른다. 저명한 투자자였던 앙드레 코스톨라니가 "투자자는 생각할 시간을 가져야 한다."고 했던 말이 이제야 희미하게나마 와닿는다. 2020년 초에 두 번이나 곱씹으며 읽었는데 이제야…. 하여간 나란 인간은 이리도 더디다.

끊임없이 하는 '근거 있는' 상상, 이에 기반한 스토리텔링이 내게 많은 수월함을 줬다. 재무제표 숫자만으로는 알 수 없던 이야기들이 내 머릿속에서 새어 나왔다. 그 수많은 이야기 속에서 가장 그럴싸하고 편안한 길을 따라가다 보니, 그렇게나 어려웠던 투자 비

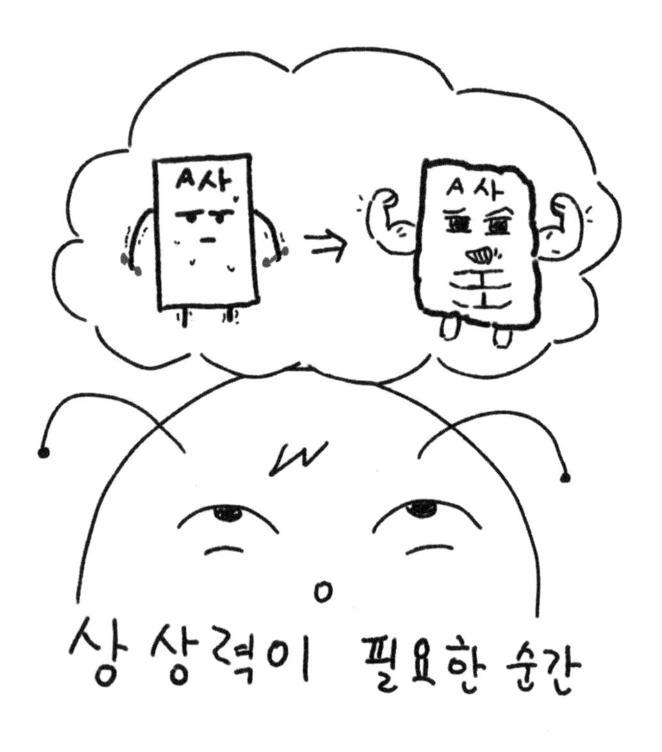

중과 투자 기간에 대해 어렴풋이나마 답을 얻을 수 있었다.

요즘은 상상에 근거를 마련하기 위한 공부를 한다. 내 상상이 이뤄질 근거가 있는지를 확인하는 편이 힘겹게 모든 것(결코 모든 것일 수는 없는)을 알고 나서 유추해보는 것보다는 더 편안했다. 예측이라는 거창하고 어려워 보이는 분석이 아니라 상식선에서 그려보는 일리 있는 추론, 그런 상상의 결과가 내심 기다려진다.

"내 생애에 가장 아름다운 날이구만."

삶의 과정을 그려보고 행복의 길을 찾은 니모가 한껏 웃으며 했던 저 말을 많은 투자자들이 할 수 있기를 바란다. 그러기 위해 부디 오늘도 모두에게 상상력이 충만하기를. 그리고 그 상상 속에서 편안한 길을 찾기를. 오늘도 상상에 빠진 한 개미가 작은 마음을 모아 응원합니다.

영국에서 미국 지도 펼치기

좋은 결과를 가져왔던 해결법이나 일부 사례를 들며 지금의 문제를 해결하거나 덮어버리려고 할 때가 있다.

"우리 할아버지가 담배를 80년간 피우고도 100세까지 사셨어! 그러니까 괜찮아!"

"지난번에 절에서 108배 하고 시험 잘 봤거든. 내일은 도서관 말고 절에 다녀와야겠다."

"아, 예전엔 밤새 마셔도 괜찮았는데, 체질이 변했나? 소맥이 좀 순한 것 같던데, 주종을 바꿔봐야겠네."

혹시 방금 고개를 저었다면 한 번 돌이켜볼 필요가 있다. 언젠가 나도 그런 적이 없었는지. 고백하건대 나는 어제도 그랬고, 엊그제도 그랬고, 지난주에도 그러했다. 주식 투자자에게 이런 류의 착오는 흔하다. 보통 자기합리화와 낙관주의라고 하는데, 이를 통해 우리는 자신을 구하기도, 위험에 빠뜨리기도 한다.

—— 모든 것이 같을 수는 없음에

반도체에 투자해서 재미도 보고, 아픔도 많이 겪었다. 철강은 안 그럴까? 2차 전지와 플랫폼 기업은? 돌이켜보면 산업별로 기웃거리다 직접 겪고 나서야 그들의 진짜 모습을 제대로 확인할 수 있었다. 이건 이게 다르고, 저건 저게 다르고, 이것과 저것은 요게 비슷하면서 고게 다르다는 걸.

그런 경험이 있기 전까진 모든 것을 '퉁'쳐서 생각했다. '어차피 다 같은 주식 아닌가? (퉁~) 우리은행이랑 카카오랑 다를 게 뭐 있어? (퉁~) 실적만 보면 되지. (퉁~)' 더 알고 싶지도, 고민하고 싶지도 않았다. 이러한 귀찮음으로 인해 투자가 힘들었음은 말할 것도 없다.

아무리 논리 정연한 이야기를 듣고, 많은 사례를 굽어봐도 소용이 없다. 꼭 겪어봐야 안다. 왜 겪고 나서야 알 수밖에 없는지는 알아내지 못했지만, 중요한 사실 하나는 알게 됐다. 주식이란 꼬리표를 달고 있는 모든 것은 크든 작든 '다름'을 가진다는 사실이다.

한때 사이클 산업에 대해 '전혀' 이해하지 못했다. 다시 말해, 경기에 민감하게 움직인다는 종목에 투자해서 속앓이를 많이 했다.

그 좋다던 반도체는 왜 날이 갈수록 떨어졌는지, 신차가 출시되어 기대된다고 했는데 왜 기대한 만큼 주가는 오르지 못했는지 도통 이해할 수 없었다. 마치 나 하나 속이자고 온 세상이 떠든 것만 같았다.

산업재와 소비재의 공급과 수요, 산업의 규모와 각 제품의 매출 기여도 등에 대한 낮은 이해 수준은 해당 산업에 대한 투자 실패로 이어졌다. 한때의 수익은 그저 운이 좋았던 것. 내가 잘해서 번 줄 알았는데, 이를 뒤늦게 깨닫고 많이도 아쉬웠다. (크~, 실력은 언제 느나요?)

—— 영국에서 미국 지도 펼치기

종목의 특성이나 산업의 생리도 모른 채 멋모르고 투자할 때의 내 모습을 생각하면, 영국에서 국회의사당을 찾기 위해 미국 지도를 펼치고 있는 모습이 떠오른다. 잘 모르는 길 찾기의 대안으로 미국 지도를 호기롭게 펼쳐 든 모습. 게다가 미국에서 아주 유용했던 이 지도에는 하필 또 국회의사당이 나와 있다.

디테일이 빠진 길 찾기. 이름만 같다고 해서 똑같이 적용할 수 있는 게 아닌데, 애먼 지도를 들고 헤매다가 결국 국회의사당 근처에는 가보지도 못한 채 지쳐버리는 여행객이 된다. 이런 경우엔, 운

좋게 국회의사당 앞에 다다라도 알아채지 못한다. 뭐가 다른지를 모르고서 잘못된 대안에 몰두하면 내 위치도 알 수 없게 되는 탓이다.

주식 투자를 하다 보면 이런 경우가 꽤 많다. 한 번의 성공은 다음에도 성공할 수 있다는 믿음을 갖게 한다.

"주가는 6개월을 앞서간다."

"바닥에서 나오는 장대양봉은 반전의 신호다."

"외국인이 매수하면 오른다."

이 같은 시도가 우연찮게 성공이라도 하면 생각지도 못한 맹신 단계에 접어들고, 맞지 않는 잣대를 들이대는 끼워 맞추기가 시작된다. 자신을 틀에 가두는 악수는 이렇게 자행된다.

기다리면 오른다는 말도 대표적인 '영국에서 펼쳐 든 미국 지도'다. 모든 기업이 성장을 위해 노력한다는 사실과 상장 기업의 안정성을 놓고 보면 높은 확률로 맞는 말이긴 하다. 하지만 급등한 테마주에 물려서 하는 이 말은 그리 현실적이지도 희망적이지도 않다. 그러니까 투자했던 대선 테마주가 4년이 지난 후에야 손실의 반을 회복한 것은 그리 고무적인 일이 아니라는 얘기다.

네이버와 카카오의 주식을 사 모으다가 사이클 산업을 대하듯 타이밍을 재며 팔다 보니 수중에 네이버 주식은 딱 한 주만이 덩그러니 남았다. 국내에서 독점적 플랫폼을 가진, 장기적으로 성장하는 기업이라며 샀음에도 많이 올랐다는 느낌에 진득하게 들고 있지 못했다. 꾸준히 사서 모아야 했던 주식은 그렇게 아쉬움을 담은 쪼가리 대박이 됐다.

지금은 좀 어떠냐고 물어보면, 여전히 잘 모른다. 내가 확실히 아는 건 내가 잘 모른다는 사실뿐이다. 하지만 다름이 존재한다는 것과 잘 모른다는 사실로 분명해지는 것은 있었다. 각 산업과 종목에 얼마의 비중으로 어떻게 투자하는 것이 덜 고통스러운지에 대한 나름의 기준이다.

플랫폼 기업의 주식을 갖고 싶으면 독점적 지위를 가진 미국 기업의 주식을 우선해서 사 모은다. 변동이 크고 개별 기업의 장래는 다소 불투명해도, 산업 자체의 전망은 좋은 제약·바이오 관련 주식은 연금저축펀드를 통해 조금씩 사 모으고, 특정 종목이 좋아 보이면 전체 투자 자산의 5%를 넘지 않는 선에서 처음부터 손실과 수익의 폭을 넓게 잡는다.

산업 주기를 예상하기 힘든 사이클 산업은 잘 모르므로 여러 기업을 나눠서 담고, 상승의 원동력이 될 이유를 투자 시나리오의 중심에 두고 일주일에 한두 번씩은 확인한다. 그리고 여기에 분할 매수와 매도를 더하면 단기 시세에 스트레스를 조금은 덜 받는 투자 패턴이 만들어진다. 그리 특별할 것 없는 일반적인 투자 패턴이다. 그런데 이 평범한 방식을 이리저리 짜깁고 내 발에 맞추기까지 참 오래도 걸렸다.

다름을 염두에 두고 있는 것만으로도 위험은 현저히 줄어들었다. 그리고 적절한 대안을 찾을 때까지 무턱대고 움직이지 않음으로써 선택의 폭을 넓히는 여유도 생겨났다. 정답이 뭔지는 여전히 모른다. 그저 이제까지의 '있어 보이는' 오답을 '다시' 찍지 않으려 나름의 기준에 충실할 뿐이다.

어쩌면 애먼 지도를 들고 헤매는 경험도 필요할지 모른다. 하지만 오랫동안 목적지로 이끌지 못한 지도를 들고 헤매고 있다면, 우선 그 지도부터 덮을 필요가 있다. 그래야 자신이 어디에 있는지라도 확실히 알 수 있을 테니까. 내 위치를 아는 것. 이것이 길 찾기의 시작이다.

차트 매매 수련자와의 논쟁

술자리가 있을 때면 빠지지 않는 이야기가 주식 이야기다. 이만한 안주가 없다. 누군가의 뜻하지 않은 수익 이야기에서부터 다른 누군가의 예정되었던 손실 이야기까지, 아주 다양하고 흥미진진한 이야기가 각자의 입에서 새어 나온다. 이게 한이 배인 탓인지 술 탓인지는 모르겠으나 이야기 중간중간에 "아…", "크~", "하~"라는 심금을 울리는 감탄사와 함께 "그때 내가!", "어쩐다고 내가!", "뭔 생각으로 내가!"라는 자조 섞인 말이 흘러나오는 것을 듣다 보면, 결코 남의 일이 아닌 웃픈 상황에 어설픈 미소를 띨 수밖에 없다.

여전히 내 주위엔 아직 주식을 해보지 않은 사람들과 이제 막 주식을 시작한 사람들이 많다. 그러다 보니 각자 자신의 경험담을 늘어놓는 자리에서 가장 오래 주식 시장에 발을 담가온 선배가 이야기의 구심점으로 올라선다.

이분의 말재주가 보통이 아니다 보니 모두의 귀가 자연스레 그쪽으로 쏠린다. 유머도 유머지만, 그의 경험담은 가히 다채로워서 듣고 있다 보면 시간 가는 줄도 모른다. 그러다 이야기는 투자에 대한 방법론으로 흘러가고, 술자리는 자연스럽게 차트 매매 추종자인 선배의 급등주 매매와 차트 분석에 관한 강연장으로 변모한다.

잠시 이 선배에 대해 말하자면, 많은 경험을 통해 차트 매매의 달인으로 등극 중인 투자자다. 그는 매일 같이 긴 시간 동안 연구하고 실행하고 성공 확률을 가늠해보며, 자신에게 맞는 매매법을 찾으려 노력하는 노력가이기도 하다. 자신이 정한 기준에 따라 기계적으로 대응할 수 있다는 점과 내가 따라갈 수 없는 그의 부지런함과 꾸준함은 정말 부러운 면이다. 한때는 주식으로 돈을 벌 때면 맛난 것도 많이 사주던 참 좋은 분인데, 요즘엔 옛 모습을 잃은 것 같아 아쉬움이 있다. (웃음)

아무튼 나는 이 선배의 강연장에서 단기 매매와 차트 매매에 대해 우려를 표하는 우를 범하고 만다. 한때 그런 것에 푹 빠져 고생했던 나의 경험이, 아니 많은 사람의 실패담이 그것이 쉽지 않음을 알려주었기에, 감히 선배의 이야기에 경각심을 첨가하고 말았다. 투자의 거름망이 제대로 갖춰지지 않은 이들이 혹시나 저 부지런하고 꾸준한 선배를 따라 하다 다치지는 않을까 하는 걱정스런 마음에서였다.

그때부터 선배와의 논쟁이 시작되었다. 둘 다 '해봤는데, 이게 낫다'는 주장을 해대니 좀체 결론이 나지 않았다. 당연한 흐름이었다. 그는 우량주 장기 투자로 큰 이득을 보지 못했으나 단기 투자로 가능성을 확인했고, 나는 단기 투자에서 크게 망해본 뒤 단기 투자를 하지 않음으로써 적어도 생존은 할 수 있다는 가능성을 본 탓이었다.

상대가 지지하는 투자 방식의 불완전함을 강조하기 위한 각자의 실패담은 '불행 배틀'로 이어졌고, 결국 선배 입에서 이런 말이 불쑥 튀어나오고야 만다.

"그래서 후배님은 얼마 버셨나요?"

아, 내 힘으론 역부족이라 모셔온 워런 버핏 할아버지와 피터 린치 할아버지에게 면목이 없어졌다. 이건 인신공격 수준의 질문이다. 으~ 참을 수 없다!

"그러는 선배님은 얼마나 벌었는데요?"

나도 별수 없이 유치한 질문으로 맞받아쳤다. 아… 저분 웃고 만다. 웃음이 씁쓸하다. 이렇게 논쟁은 파국을 맞이하고, 분란을 일으켰던 둘은 쓴웃음을 머금은 입에 쓴 소주를 털어 넣는다. "술이나 마십시다! 우리가 뭐라고… 크…." 증명된 것은 없었고, 결론은 각자의 판단에 맡겨졌다.

나는 왜 그렇게 열을 내며 이야기했을까. 잘 하지도 못하면서, 증명할 만한 경험도 별로 없으면서 그 방식보다 이 방식이 낫다고 단정적으로 말할 수도 없는 것을…. 그땐 참 부질없는 말을 많이도 했다. 투자의 방식은 옳고 그름으로 규정할 수 없는 방식의 차이일 뿐인데 말이다.

요즘은 생각이 조금 바뀌었다. 차트에 대해 공부하고 조금씩 적용해보고 있다. 그리고 맹신하지만 않는다면 뭐든지 훌륭한 도구가 될 수 있음을 깨달았다. 사려고 한 종목이 업황도 좋고 전망도 좋은데 차트에서도 의미 있는 신호가 있으니 더 큰 확신으로 살 수 있었다. 어떤 식으로든 기준이 있다는 것은 편리했다.

차트 분석이든, 기업 분석이든, 날씨 분석이든, 무언가 기준을 마련해두고 있다면 그 기준을 수정함으로써 좀 더 나아질 수 있다. 그리고 어떤 한 기준을 무시하지 않을 때, 보다 큰 가능성을 만나게 된다. 정답은 없지만 해답은 다양할 수 있다는 걸 잊지 않을 때, 일말의 겸손도 생겨난다. 그리고 거기서 배움이 시작된다. 그런 의미에서 선배와의 당시 논쟁은 내 작은 세상의 벽 한쪽을 두드려보게 해준 좋은 경험이었다.

그나저나 지금 그 선배는 얼마나 벌고 있을까. 궁금하긴 한데 나

한테도 물어볼까 봐 물어보질 못하고 있다. 무소식이 희소식이라고 하니 잘되고 있으면 좋겠다. 그리고 언젠가 서로 한턱낸다며 마주 앉은 자리에서, 각자의 투자담을 별 것 아니라는 듯 말할 수 있다면 좋겠다.

그때면 아마도, 아무리 쓴 술도 입안에서 달콤하게 느껴지지 않을까.

여긴 어디고, 나는 어디로 가는가

주식 투자를 하다 보면 더 나은 방법을 찾는 데에 몰두하곤 한다. '아, 이 방법보단 저 방법이 나은 것 같아.' '그래, 저 사람은 저 방법을 썼구나. 따라 해보자!' 그렇게 기간만 길게 늘인 장기 투자를 시작하거나, 차트 투자자가 되기 위한 공부를 준비한다. 정말 이래도 되는 걸까?

—— 부산에서 서울 가기

부산에서 서울로 어떻게 갈 수 있는지에 대해 질문을 하면, 대부분이 여러 방법에 대해 알고 있다. 비행기, 기차, 고속버스, 자가용, 어쩌면 도보까지…. 그런데 '지금', '여기서' 어떻게 해야 하는지를 물어보면 단순한 질문은 선택의 문제로 넘어가고, 앎의 문제가 선택의 문제로 바뀌는 순간, 우리는 고민이란 것을 하게 된다. 그리고 선택을 위한 지금의 상황, 그러니까 '처지'를 생각해보게 된다.

언뜻 생각에 비행기가 가장 나은 선택 같지만, 비행기의 운항 취소 가능성은 여느 대중교통보다 훨씬 높고, 비용도 가장 높다. 또 경험해본 사람은 알겠지만, 부산 공항은 실제로 김해에 위치하고, 도착지 서울은 김포다. 사는 곳이 김해이면서 가고자 하는 곳이 김포가 아닌 이상 비행기 탑승 이외의 이동 시간과 비용도 고려해야 한다는 얘기다.

그러면 기차가 대안이 될 듯하다. 하지만 이 역시 고속버스에 비하면 비용이 상대적으로 높고 좌석은 불편하다. 고속버스는 저렴하고 좌석은 편하지만, 출발지와 종착지가 각 도시의 변두리에 위치하고, 많은 사람에게 화장실의 부재는 생각보다 큰 위험요소가 되기도 한다. 목적지에 도착할 때까지 물 한 모금 맘 놓고 마실 수 없는 어머니와 아내 같은 이들에게는 제법 큰 결단을 요구하는 교통수단이다.

그럼 자가용은 어떨까. 교통사고 발생률이 가장 높으며, 차량 정체와 피로감도 무시할 수 없다. 일행의 수에 따라 비용은 획기적으로 낮아지지만, 한솥밥 먹는 여섯 식구를 무료로 태워가는 것은 비용 절감 차원에서 그리 큰 도움이 되지 않는다. 게다가 이 중 한 명은 꼭 멀미가 나고, 출발한 지 얼마 안 돼 '쉬~ 쉬~' 하고 외치는 각종 변수는 이동 시간을 1.5배는 가볍게 넘기게 만든다. 뜻하지 않은 휴게소 탐방이 서울 가는 길에 꼭 끼는 옵션 상품이기에 그렇다.

부산에서 서울 가는 방법을 단점 위주로 열거했지만, 장점으로 비교해도 개인마다 상대적인 비교우위가 생긴다. 그리고 지금 수중에 돈이 얼마나 있고, 또 얼마를 쓸 수 있는지, 시간적 여유는 얼마나 되는지, 자신이 정확히 어디에 있으며 서울 어디쯤을 가야 하는지에 대한 판단과 결정이 별 무리 없이 이어진다. 다시 말해 어떤 것을 선택할 때 발생하는 리스크와 기회비용이 자연스레 고민을 줄여주고 선택의 폭을 좁혀준다는 것이다. 그러다 보면 현재 상황에 맞는 최선의 선택을 하게 된다. 합리적인 인간에게 생기는 자연스런 흐름이다.

── 좁아지지 않는 선택의 폭

그런데 주식에서 투자 방법을 고민하는 데에는 이상하리만치 합리적인 인간의 자연스러움이 따라오지 않는다. 자신의 상황을 고려한 선택이 쉽사리 이뤄지질 않는다. 직장인 처지라 분명 단기 시세를 살피기 힘든 데도 급등주를 추종하고, 노후 준비를 위해 투자한다며 적립식 투자가 아닌 마이너스 통장을 이용해 목돈을 운

용한다. 눈치챘겠지만, 역시나 내 이야기다.

'어떻게든' 돈을 불려야겠다는 생각에 내게 잘 맞지 않는 선택을 무수히도 했다. 서울로 가는 최적의 방안을 그리 어렵지 않게 선택하는 사람이 투자에서만큼은 그리 계산적이지 못했다. 서울의 언저리면 다 서울로 퉁 치는 바람에 애초에 서울이 목적지가 맞는지부터 애매해진다. 게다가 강북의 신촌과 강남의 신천을 구분하지 못하는 무지함으로 선택은 더욱 모호해질 수밖에 없다. 내 처지를 모르니 뭘 타야 할지, 이 선택이 맞는지도 모를 수밖에.

가슴에 손을 얹고 정말 자신의 상황에 맞는 선택을 한 것인지 생각해볼 필요가 있다. 노후 준비를 위해 시작한 주식 투자의 목표가 매일 10% 수익은 아닌지, 다음 달에 써야 할 결혼자금으로 아파트 매입 자금을 만들겠다고 의지를 불태우고 있지는 않은지, 한 번 진지하게 생각해볼 때다.

'지피지기 백전불태'라는 말은 식상하다. 하지만 이는 여전히 모호하고 먼 이야기다. 나를 아는 게 그렇게 어렵다. 이럴 땐 괜찮은 방법이 하나 있다. 가족 중 누군가가 나와 같은 모습으로 투자하고 있으면 어떨까 하는 생각이 그것이다. 아끼는 이가 그래도 안심할 수 있다면, 그 투자 방법은 최선이라고 볼 수 있지 않을까.

투자에 임하는 내 모습이 부끄럽지만 않아도, 적어도 방향을 잘못 잡은 것은 아닐 거라 믿는다. 비록 헤맬지라도 언젠간 무사히 원하는 곳에 도달할 테다.

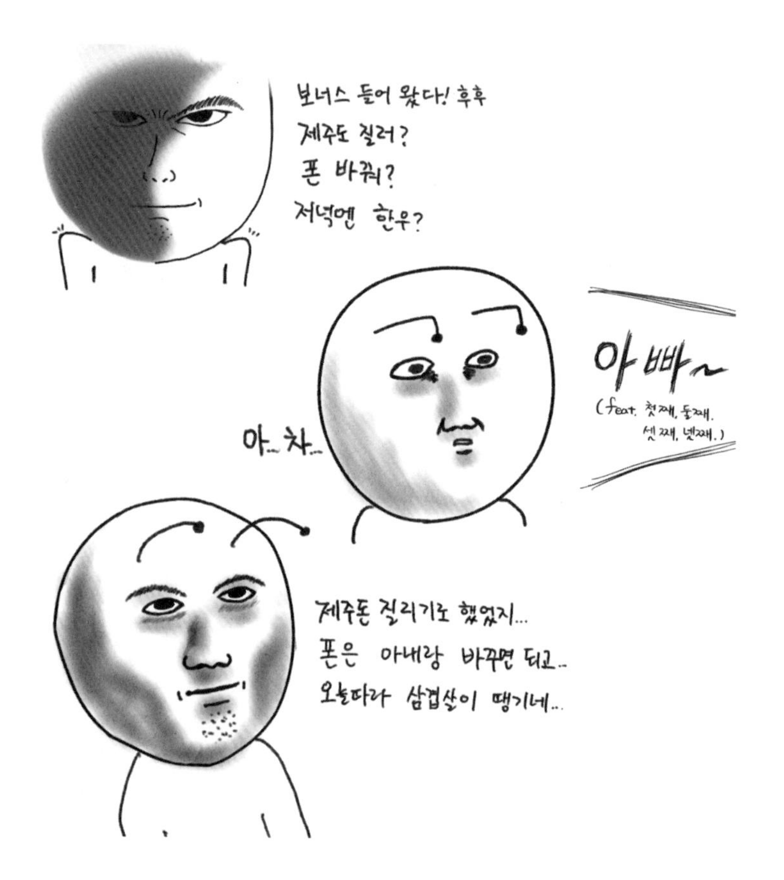
보너스 들어 왔다! 후후
제주도 질러?
폰 바꿔?
저녁엔 한우?
아빠~
(feat. 첫째, 둘째, 셋째, 넷째.)
아.. 차..
제주도 질러기로 했었지...
폰은 아내랑 바꾸면 되고..
오늘따라 삼겹살이 땡기네...

네 번째 이야기

그래도 믿는 구석이 있다면…

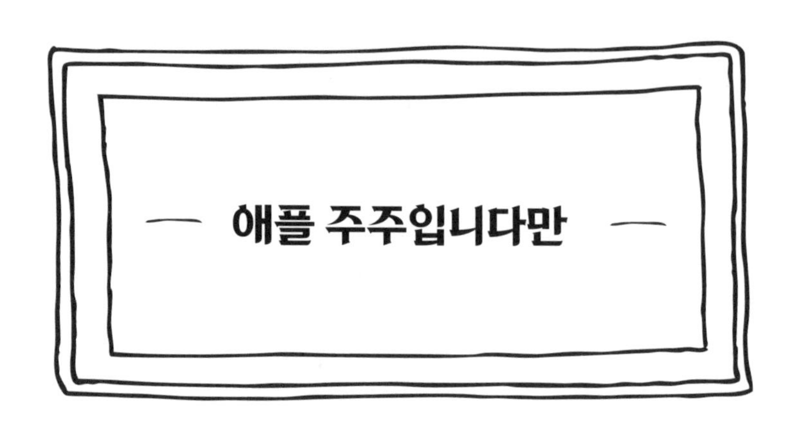

애플 주주입니다만

해외 주식 투자가 지금보다 흔치 않던 시절, 애플의 주주라고 하면 두 가지 반응이 나왔다. "오~"와 "응?", 그리고 그 반응 뒤에 이어지는 것은 "수익률은?"이란 당연한 질문과 "넌 삼성 쓰잖아!"라는 생뚱맞은 추궁이었다.

나는 어째서 추궁을 당했을까. 사실, 좀 찔리는 구석이 있긴 하다. 주주로서 본인이 투자한 기업의 제품을 애용하고 칭찬하지는 못할망정, 다른 사람들이 아이폰으로 바꾸고 싶다고 말하면 말리고 나서기 때문이다.

대부분이 그냥 '바꾸고' 싶어 한다. 그래서 말린다. 갖고 싶다는 것과 필요하다는 것은 엄연히 다른 것이기에 차라리 주식을 사라고 말하며, 주주로서의 내가 아니라 지인으로서의 내가 의견을 건넨다. 아내가 그리 '바꾸고' 싶어 해도 다시 생각해보라며 설득 중인 것도 같은 이유다.

애플의 주주가 된 것은 아이폰의 이런 마력 때문이다. 많은 이들이 멀쩡한 지금의 스마트폰을 두고도 아이폰을 갖고 싶어 한다. 잘 작동하는 기기인데도 이런저런 흠을 찾아내며 아이폰 신제품에 관심을 내비치는 사람들을 보면, 브랜드의 대단한 힘을 몸소 느낄 수 있다. 그래서 주식을 샀다.

그렇게 애플의 주주가 되었음에도 나는 아이폰을 쓸 생각이 없다. 한국에선 페이(Pay) 시스템을 사용할 수 없다는 것과 비슷한 스펙의 기기에 비해 아이폰 가격이 더 비싸다는 지극히 개인적인 이유에서다. 애플 주주의 소신 발언… 까지는 아니고 일종의 배신이다.

스타벅스의 주주이면서 스타벅스에 가는 일도 없다. 한때 아내가 푹 빠져버린 음료가 있어 몇 번 다니긴 했지만, 커피 한 잔을 위해 스타벅스를 찾진 않는다. 봉지 아메리카노를 두 번에 나눠 타 마실 정도로 커피 맛을 모르는 탓에, 주변 사람들이 스타벅스 커피를 들고 다니는 것을 보면 정말 맛을 알고 먹는 건가라는 의문을 가지기도 한다. 스타벅스 주주로서도 배신의 기미를 보인다.

그런데 나는 이 배신자스러운 투자의 행태가 좋다. 마음이 편하다. 그리고 투자에 있어서만큼은 그래도 된다고 생각하고 있다.

—— 스토커 같았던 동업자

'주식에 집착하는 스토커가 된 것 같았어요.'

한때 SK이노베이션에 투자하면서 SK 주유소만을 찾아다닌 적이 있다. 장기 투자 계획이 내 맘처럼 순조롭게 진행된 적이 없었기에 '아주 잠깐'의 기행이었지만, 그땐 주주라는 사명감으로 다소 병적으로 SK 주유소만을 고집했다. 덕분에 에둘러 멀리 있는 주유소를 이용할 때면 차에 함께 탄 가족들의 원성과 안타까움을 동시에 사야 했다.

해당 기업의 뉴스에 신경을 곤두세우고, 태풍이 생성된다는 소식에 다른 나라의 정유시설이 파괴되기를 은근히 기대하는가 하면, 누군가가 회사 근방의 SK 주유소에 대해 부정적으로 말하기라도 하면 내 안에서 날 선 반응이 일어났다. '도대체 휴지 하나 못 받은 게 뭐가 문제란 말인가!' 하는 식이었다.

투자기업을 지극히 여겼던 이런 기행은 투자 종목이 S-Oil로 바뀌면서 더 이상해졌다. 당연히 S-Oil을 찾아다녔고, SK이노베이션은 한순간 적대 기업이 됐다. 'SK 기름은 불순물이 많았는지 그간 엔진 소리가 좀 좋지 않았지.', '기름을 바꿨더니 효율도 좋아진 것 같네, 건네주는 휴지에도 고객을 위한 마음이 가득하구만….' 주식 하나에 마음과 기억이 한없이 팔랑댄 시절이었다.

'정말 동업자의 마음으로 투자하는군.' 누구도 이렇게 생각하진 않을 것을 안다. 하지만 당시의 나는 그게 최선이라고 생각했다. 언론 기사 한 건이나 책 한 권을 읽어도 모든 걸 투자와 연결했던 나는 지나치게 투자에 진심이었다. 한 마디로 그땐 주식에 미쳤었다.

—— 일상에서 주식이 희미해질 때

나의 진심이 해당 기업의 이윤에 얼마나 공헌을 했는지, 나의 노력이 투자 수익에 얼마나 큰 기여를 했는지는 가늠하기 어렵다. 그저 그래야 한다고 생각했고, 그렇게 하는 것이 잘하는 거라고 믿었다. 전혀 의미 없진 않았지만, 그 정도의 진심에 비해 딱히 큰 의미를 찾지도 못했다.

버핏 할아버지는 애플의 주주였지만 오랫동안 삼성 2G 폰을 사용했다. 코카콜라 주주이기도 한 그는 매일같이 코카콜라를 마시지만, 가만 보면 생활과 투자를 애써 연결하진 않았다. 잘 작동하는 구형 핸드폰을 쓰면서도 애플 주식을 사 모았을 그는 그렇게 편안해 보였다. 핀트 나간 의무감도, 누구의 시선도 신경 쓰지 않는 일상과 투자의 분리된 삶이 아주 좋아 보였다.

일상에서 주식이 희미해질 때, 투자는 자연스럽고 편안해진다. 모든 것을 주식과 연관 지었던 것은 지나칠 정도로 주식에 얽매여 있었기 때문이다. 헨리 데이비드 소로가 빵을 부풀리는 효모가 담긴 병을 항상 신경 썼던 것도, 법정 스님이 집을 나섰다가 키우던 난초가 걱정되어 뒤돌아갔던 것도 다 얽매임 때문이었다. 좋자고 하는 일이 종종 이런 얽매임을 만든다.

효모가 담긴 병이 깨지고, 난초를 다른 이에게 보낸 뒤에야 홀가분함을 만끽했다는 그분들만큼은 아닐 테지만, 나는 가던 길에 있는 주유소에서 기름을 넣고 아내가 사용하는 카드가 비자인지 마스터인지 구분하지 않는 것만으로도 홀가분함을 느꼈다. 주식을 서서히 일상에서 멀리 둠으로써 꽤 큰 편안함과 마주했다.

십수 년간 사용하던 버핏 할아버지의 휴대전화가 고장 났다. 드디어 자신이 투자하는 기업에 공헌할 기회를 얻은 그는 당연하게도 아이폰을 들고 나왔다. 나는 아이패드를 샀다. 드디어 투자하는 기업에 공헌했다고 말하고 싶지만, 그림 욕심 때문이었다. 손을 바꿀 수 없어 도구를 바꿨다. 다시 태어나야 해결될 것 같은 그림 실력을 아이패드로 메워볼 심산이다. 여전히 주주로선 자격이 의심된다.

혹시 휴대전화가 망가지더라도 나는 아이폰을 쓰지는 않을 듯하다. '바꾸고' 싶지 않은 것은 아닌데, 몇 년간 번갈아 써본 경험을 생각해보면 나에겐 안드로이드 스마트폰이 더 맞는 것 같다. 그래도 그때, 설령 아이폰 사용자는 못 되더라도 여전히 애플 주주일 것 같긴 하다. 소비는 욕심이 아닌 필요에 의해, 주식은 애정이 아닌 믿음으로 하는 게 맞는다면 말이다.

인정하는 마음으로 시작하는 투자

이제 인정해야 하나...

(미남은 아닌건가...?)

직장에서 공공연히 하게 되고, 듣게 되고, 공감하게 되는 이야기 중에 "윗사람들은 너무 모른다."는 푸념이 있다. 어떻게 저 자리에 올랐을까 하는 의구심과 함께 그 사람의 능력을 의심하고, 그 사람의 부족한 면을 들춰내어 한껏 깎아내린다. 대패가 따로 없다. 그리고 나는 제법 양질의 대패였다.

그럴 때면 으레 '나 같으면'이란 말이 튀어나온다. 나 같으면 이렇게 할 텐데, 나 같으면 그러지 않을 텐데. 왜 뻔히 보이는 길을 가지 못하는 건지, 답답함이 밀려든다. 이로써 그와 나 사이엔 주기적으로 밀려드는 아쉬움의 밀물과 어느새 빠져나가는 체념의 썰물이 생겨나고, 그 밀물과 썰물의 끝없는 순환으로 마음의 갯벌엔 팔딱거리는 감정이 넘쳐나게 된다.

그러다 어느 날, 과연 (지금의 생각을 실천에 옮길 수 있는) 저 자리에 갈 수는 있을까 하는 현실적인 가능성을 생각해보았다. 어? 그럴 의도는 전혀 없었는데, 어느 틈엔가 답답함의 자리에 막막함이 들어섰다. 이런! 추스르지 못하던 내 감정의 근원이 생각지도 못한 막막함이었다니. 나는 그만 팔딱거리는 감정의 갯벌에 발목이 잡혀 버렸다.

내일 당장 그 자리에 올라 원하는 대로 바꿀 수 있다면 뭐가 문제가 되겠는가. 지금의 내 위치와 능력을 고려해볼 때, 그 자리에 오를 수 있는 확률이 '까마득하다'로 나오기에 문제인 거다. 게다가 아무리 작은 조직이라도 한 조직의 정점에 오른 사람에게는 그만한 이유가 있다. 나라면 엄두도 못 낼 일을 어떡하든 해내는 모습과 극한의 스트레스 속에서도 미소를 잃지 않는 태도. 그에겐 내가 애써 무시했던 그만의 출중함이 있었다.

그런 이유로 나는 이제 상사를 깎아내리는 행위를 '자제'하고 있다. (이게… 단번에 끊기가 무지 어렵다.) 생각해보니 깎아내린다고 깎아지는 것도 아니고, 나의 그런 마음이 가서 닿을 리도 없다. 그래서 무턱대고 무시하기보다는 결코 쉽지 않은 그 자리만이라도 인정하기로 했다. 인정할 건 인정하자. 뭐, 그런 마음이다. 그러자 그 작은 인정이 아쉬움과 체념의 감정 간만의 차를 줄어들게 했고, 그 사람을 인정함으로써 그와의 진짜 관계가 시작됐다.

감정이 제멋대로 날뛸 때면 가능성, 그러니까 확률을 생각한다. 그리고 인정할 것은 인정해버린다. 회사생활뿐만 아니라 일상에서도 당장 어쩌지 못하는 것을 인정하는 접근법은 상당히 많은 도움이 된다. 장난감 하나 '더' 못 가졌다고 세상 무너진 듯 우는 아이에게 "그거 다~ 무쓸모여, 좀 더 커 봐라. 어디 그게 눈에 들어오기나 하나. 다~ 한때다~ 한때~." 이런 말을 하지 않는다. "오케이! 서러운 거 인정. 그런데 여긴 노는 곳이지 우는 곳이 아니에요. 방에 가서 울고, 다 울면 나와요~." 이게 내 최선이다.

아이에게 일장 연설을 하고 욕심내면 안 된다며 혼내기도 해봤지만, 그런 나의 노력과는 무관하게 아이는 커가면서 장난감에 집착하지 않았다. 네 명의 아이를 키우면서 목도한 대단한 발견이었다. 정작 한때라고 생각할 것은 그런 모습을 보고 이해가 안 된다며 답답해하던 내 모습이다.

부부생활 중에도 인정하는 태도는 커지려는 불화를 잦아들게 한다. 존중의 마음이 감정에 무너지고 이해를 위한 시도가 실패했을 때, 있는 그대로를 인정해버리면 더는 문제가 커지지 않는다. 같이 사는 데에 문제 될 것이라곤 그리 많지 않다. 그래 봐야 방귀 좀 자주 뀌는 것이고, 그래 봐야 정리가 좀 잘 안 되는 것 정도다. 어차피 인력으로 바꿀 수 없는, 그러니까 내가 어쩔 수 없는 것들을 인정해버리면 그런대로 못 봐줄 것도 없더란 말이다.

돌고 돌아 본론을 얘기하면, 어쩔 수 없음을 인정하는 태도는 주식 투자에도 제법 유용하다. 나도 몰랐다. 그렇게 쌓이고 쌓인 인정에 관한 처세술이, 어떤 면에선 포기하는 듯한 이런 태도가 도움이 될 줄은. 이리저리 날뛰는 주식 시세를 어찌할 수 없다는 것과 수익은 담보되지 않는다는 사실을 인정하는 것만으로도 기대와 욕심과 미련 같은, 가만두면 걷잡을 수 없이 커지는 감정들을 토닥일 수 있었다.

인정하는 것은 내가 감당할 수 있는 위험을 산정하는 거라고도 볼 수 있다. 한 마디로 그릇의 크기를 정하는 행위다. 그리고 그 그릇을 벗어나지 않는 데서부터 큰 문제에도 스트레스받지 않는 속 편한 투자를 시작할 수 있었다.

그릇의 크기는 오로지 경험이라는 가늠자만으로 측정할 수 있다. 수십억 원 투자에도 마음이 편하다면 그게 자신의 전 재산이라도 상관없고, 수십만 원 투자에도 마음이 불편하다면 그게 자산의 0.00001%라도 문제가 된다. 같은 1천만 원 규모의 투자라도 누군가는 ETF(상장지수펀드) 비중이 70% 이상이어야 편안한가 하면, 누군가는 종목에 대한 확신으로 '몰빵'을 하더라도 전혀 흔들리지 않기도 한다.

200만 원으로 시작한 투자가 1억 원을 거쳐 1억 8천만 원을 찍고 5천만 원이 된 데에는 딱히 객관적인 이유가 없다. 오로지 주관에 의해 딱 적당히 신경 쓰일 정도의 규모로 조절이 되었을 뿐이다.

워런 버핏도 말하지 않았던가.

> "능력의 크기는 중요하지 않지만, 능력의 범위를 아는 것은 무엇보다 중요하다."

2미터 높이의 장대는 자신에게 과분하다는 걸 인정하고, 충분히 넘을 수 있는 30cm의 장대만 넘겠다는 그. 그의 영악한 투자 자세가 줄곧 큰 흔들림 없이 투자를 이어오게 한 원천이 아닐까.

그래서 나는 복권을 사듯 행운을 바라며 주식을 사고, 당첨되지 않은 것에 아쉬워하지 않으려 한다. 날뛰는 시세와 기습적으로 터지는 이벤트를 우리는 어쩌지 못한다. 그러니 그냥 바라본다. 불안한 자세로 우왕좌왕하는 게 아니라 어떻게 되어도 상관없다는 듯, 사뭇 무관심한 자세로 바라본다. 그러면 마치 영화 관람객이 된 듯, 절체절명의 위기에도 쫄깃해지는 마음을 그대로 즐기며 지나갈 수 있지 않을까.

어차피 우두머리는 계속 바뀔 것이고 나는 우두머리가 되기도 전에 회사에서 잘릴 테지만, 또 살아갈 길을 찾을 거다. 마찬가지로 어차피 오를 주식은 오르고, 내릴 주식은 내리며, 시세는 변동할 것이다. 나는 대박은 모르겠지만 주식으로 투자금을 깡그리 말아먹어도 어떻게든 살아갈 테다. 어차피 내 맘대로 되지 않을 거, 어차피 어쩌지 못하는 거. 괜한 힘 뺄 필요가 없다. 그래서 오늘도 상사를 인정하면서 시작한다. 그리고 그게 내 투자의 시작이다.

뭐라도 해야겠다면 이 방법도 있습니다

근본적 해결책이 아니라는 걸 알지만, 뭐라도 해야겠다는 생각에서 큰 도움이 되지 않는 행동을 하게 된다. 먹통이 된 전자기기를 다양한 템포로 두드리고, 부적을 써서 효과를 봤다는 누군가의 소개로 용한 점집을 찾아가거나, 인생 역전을 꿈꾸며 로또를 사기도 한다.

물론 그것들이 결과를 획기적으로 바꾸는 경우는 거의 없다. 그리고 이 사실을 모두가 안다. 그럼에도 그런 소망 어린 행위가 끊이지 않는 것은 무엇 때문일까. 거기엔 거부하기 힘든 동기가 존재한다. 그것은 예견된 결과로 겪을 마음의 고통을 덜기 위함이다. 뭐라도 해봤다는 데서 오는 안도감이 원치 않은 결과에 따른 아쉬움을 그나마 줄여주니까 말이다.

주식 투자에서도 마찬가지다. 나 같은 미숙한 투자자는 핀트 나간 성실함을 수익의 결과와 결부 짓곤 한다. 단기간의 시세에 일일이 대응하지 못해, '팔았어야 했는데'와 '샀어야 했는데'라는 아쉬움을 연일 급조한다. 제때 알아보지 않고 민첩하게 반응하지 못한 탓이라는 생각에서 나오는 흔한 후회 패턴이다. 지나고 나서야 그럴싸해 보이는 사실들이 대부분인데도, 그런 사실쯤은 자책에 밀려 얼굴을 내밀지도 못한다.

그리고 사람은 양적인 것보다 극적인 것을 좋아하고, 그것을 잘 기억한다는 것도 취약한 부분이다. 다시 말해, 보유 주식을 우연히 팔고 나서 떨어질 때와 사고 나서 오를 때의 경험에 더 영향을 받는다. 비록 반대의 경우가 압도적으로 많았더라도 우리는 극적인 성공의 쾌감을 더 잘 기억한다. 그리고 같은 결과가 있을 거라 기대하며 같은 행동을 반복하게 된다.

—— 뭐라도 해야겠다면

1~2%대의 등락을 유지하던 주식이 갑자기 5%씩 급등락을 하는 날이면 이유를 몰라 분주해진다. 누군가는 기계적으로 매도하기도 하고, 또 누군가는 본능적으로 물타기나 불타기를 한다. 공시나 뉴스가 없으면 찌라시라도 돌고 있는지 알아보려고 종목 토론

방을 기웃거리기도 한다.

사실 이런 대응은 큰 흐름에서 의미 없는 경우가 대부분이다. 그런데도 이런 행동을 보이는 것은 '뭐라도 했다'는 마음의 위안을 얻으려는 데에 있다. 뭐라도 한 후에 하는 후회가 아무것도 하지 않고 하는 후회보다 덜 아프다는 것을 경험적으로 알기 때문이다. 이를 심리학에서는 '행동 편향'이라고 하는데, 결과는 전혀 중요하지 않다. 그때 대응을 했느냐, 하지 않았느냐가 중요하다. 이런 대응은 마음이 편해지기 위해 오류를 저지르는 두뇌의 생존 전략인 셈이다.

좋다. 마음 편해지자고 하는 행동이니 문제 될 것 없어 보인다. 평소 마음 편한 방향으로 투자하자고 했던 입장에서 잘못되었다고 말하진 못하겠다. 그런데 문제는 급하게 내린 결정은 대체로 그다지 좋은 대응이 되지 못한다는 사실이다. 고심 끝에 투자를 결정한 종목을 놓고 한 번의 흔들림에 줏대 없이 이랬다저랬다 하는 것은 이후의 투자에 전혀 도움이 되지 않는다.

그러면 어떻게 해야 할까. 아무것도 하지 않는 것도 상당히 고난도의 '뭐라도 하는 것'이란 인식이 필요하다. 가만히 있음으로써 '뭐라도 했다'는 사실에 뿌듯할 수 있다면, 시세의 등락에 대응하는 동시에 마음의 편안함도 추구할 수 있지 않을까.

'에이~ 그게 뭐야!' 이런 반응이 나올 것을 안다. 하지만 한 번 해보시라. 이게 정말 무지무지 어렵다. 별거 아닌 것 같지만, 주저

하면서 매수 혹은 매도 버튼을 누르는 것보다 더 단호한 결단이 필요한 일이다. '아무것도 하지 않는' 대응이지만, 이를 위해서는 무수한 시도와 노력이 필요하다는 사실. 마음을 이기는 것이 어디 그리 쉬운 일이던가.

진짜 편안함이 뭔지 제대로 모르는 내 마음을 위해 머리를 쓸 필요가 있다. 그게 비록 말장난 같아 보여도 마음은 진심 어린 말장난에 속아 넘어간다. 그러니 한 번 되뇌어보자.

"아무것도 하지 않는 것도 대단한 일이다."

좋은 것을 얻는 한 가지 방법

좋은 걸 얻으려면
우선 위험한 건 피해야…

미세먼지가 한창일 때, 미세먼지 때문에 담배 피우기 겁난다는 지인의 걱정을 들었다. 뭔가 사리 분별이 안 된 듯한 이 멘트에 잠시 어리둥절했지만, 폐암 경고 문구에도 끄떡없던 그였기에 흡연을 멈칫거리게 했던 미세먼지에 대한 두려움은 금연을 향한 고무적인 현상으로도 보였다. 고민 끝에 돌아서는 그. 미세먼지의 존재는 가히 막강했다. 하지만 몸을 돌려 자리로 간 그는 뭔가를 주섬주섬 챙기더니, 이제는 지겨울 법도 한 "담배를 끊든지 해야지"라는 말을 남긴 후, KF94 마스크를 콧등에 누르며 흡연의 길 위에 올랐다.

나는 한때 변비로 심하게 고생한 적이 있다. 이때 나는 살기 위해 온갖 노력을 다했다. 키위가 변비에 좋다는 얘기에 하루에 키위를 네 개씩 집어삼켰고, 30분씩 공들여 운동했으며, 살아서 장까지 간다는 1천억 마리의 유산균을 하루 세 번 사투의 '장'으로 진격시켰다. 하지만 그런 노력도 허사. 배는 갈수록 더부룩해졌고 변과의 대치는 길어져만 갔다.

얼굴이 노랗다 못해 검어지던 중, 글 하나를 읽게 됐다. "차가운 물을 마시는 건, 장 속에 냉장고를 넣는 거예요. 따뜻한 물을 마시세요." 그 글에는 변비 해결을 위한 각종 팁과 함께 차가운 물은 절대 먹지 말라는 경고가 있었다. 한여름에 따뜻한 물이라니…. 살고 싶은 나는 시키는 대로 했고, 땀과 함께 묵은 변을 배출했다. 내 생에 가장 더러우면서도 고귀한 원초적 성취감이었다.

대부분의 경우, 좋은 것을 해야 더 좋아지고 대단한 무언가를 해야만 큰 것을 이룰 수 있다고 생각한다. 하지만 좋다는 수많은 것들이 변변찮을 때, 하지 않으면 좋을 한 가지가 더 큰 효과를 발휘했다. 책 《돈의 심리학》 저자는 말한다.

> "좋은 결과를 위해 대단한 것을 할 필요는 없다. 크게 망치지만 않는다면 괜찮은 결과를 얻을 수 있다."

내게는 살아 있는 한 언제고 좋아질 수 있다는 얘기로 들렸다.

내 주식 투자 이야기엔 성공담이 별로 없다. 많은 것이 식겁한 이야기고, 소가 뒷걸음질 치다 밟은 쥐에 관한 이야기다. 성공 투자, 필승 전략, 노하우 등은 다른 많은 책에 아주 잘 설명되어 있기에, 나는 그저 그들과는 다른 결의 이야기를 하고 싶었다. 해보니 이렇더라는 것과 나도 별수 없었다는 것과 그래도 최선을 다하고 있다는 얘기들.

대단한 이코노미스트도 아니고 경제학자도 아닌, 게다가 주식으로 크게 성공한 것도 아닌 평범한 직장인의 주식 투자가 대단할 리 없다. 눈치챘을 테지만 아는 것도 많지 않아 정보도 변변찮다. 그런 이유로 달을 가리키는 손가락도 아닌 내 행색을 살피는 것은 어찌 보면 당연해 보인다.

그런데 어쩌다 보니 경험이란 게 생겨 버렸다. 아쉽게도 대다수가 실패의 경험이다. 그러다 보니 뭘 해야 할지에 대해선 잘 모르지만, 뭘 하면 안 되는지는 좀 알게 됐다. 하지 않는 것만으로도 좋아질 수 있었던 경험, 그런 이야기를 이렇게 떠들고 있다.

워런 버핏은 말했다. 지금의 성공은 대부분 우연의 연속들이 가져다준 행운이라고. 건강하게 태어난 것도 행운이고 출생 지역이 미국이란 것도 행운이며 좋은 선택을 할 수 있었던 삶의 여러 여건도 결코 한 개인의 노력만으로 갖출 수 있었던 건 아니었다고 말이다.

열심히 한다고 했는데 좋지 않은 결과로 우울한 사람에게 이만한 위로가 또 있을까. 그래서 나 역시 운이 없었다고 생각하고 여전히 나만의 투자 레시피를 만들어보고 있다. 좋다는 것만 잔뜩 욱여넣어 이상하게 만들지 않고, 나쁜 것들은 뺀, 밋밋하지만 담백한 음식. 여기에 '그나마 이게 어디냐'는 다행 한 스푼, '주식을 할 수 있다'는 행운 한 스푼, '실패해도 살 수는 있다'는 감사 한 스푼을 보태며 약간의 감칠맛을 내고 있다.

메멘토 모리(Memento mori). '죽음을 기억하라'는 이 라틴어의 가르침을 종종 생각한다. 주식 투자하면서 무슨 죽음까지 들먹이냐고 할지 모르지만, 주식으로 지나치게 마음이 심란한 날, 이만한 방법이 또 없다. 투자 일지를 점검하고 리포트를 읽고 책을 들춰도 사그라지지 않던 걱정이 죽음을 떠올리는 순간 한풀 꺾이고 마는 것은, 아마도 생에서 중요한 것이 주식은 아니란 걸 본능적으로 알 수 있기 때문일 테다.

지금 해야 할 것은 주식 차트의 지난 궤적을 보며 후회하고 역전을 노리며 한 방을 모색하는 것이 아니라, 어쩔 수 없는 일도 있음을 인정하고 더 중요한 것을 위해 그로부터 생각을 떼어내는 것임을, 그제야 기억해낸다. 그러고 나면 수많은 자료와 생각을 적당한 선에서 정리하고 가족이 함께하는 거실로, 더 중요한 삶으로 걸어나갈 수 있다.

죽음을 기억하는 것이 도움이 되는 것은, 죽음의 문턱에서 후회를 줄이고자 하는 이런 노력이 그를 위해 하지 않아야 할 것들을 포기하게 만드는 용기를 주기 때문이다.

한 시간 넘게 화장실 변기에 앉아 사투를 벌이던 그때, 엉덩이가 막힌 채 반나체의 모습으로 발견되지 않기만을 바라던 그때, 주식 투자와 회사 일과 인간관계는 그저 그런 일이 되고 말았다. 그냥 싸고 싶다는 원초적 욕구만이, 그러니까 살고 싶다는 순수한 마음만이 있었다.

당시의 순수했던 마음을 되뇌면서 이 글을 썼다. 부디 나의 순수한 호소가 나쁜 것을 하지 않을 용기를 내는 데에 작은 힘이 되길 바란다. 당신의 금연과 쾌변과 성투를 기원하며….

어디로 몰려갈 것인지 스스로 결정해보기

프랑스 보르도 지역 출장 중에 생테밀리옹을 찾아간 적이 있다. 그곳은 포도주를 만드는 양조장, 즉 와이너리로 유명한 지역으로, 온 사방이 석조 건축물로 이뤄진 멋들어진 곳이었다.

스마트폰으로 찾아본 사진에 매료된 나는 구글맵에 생테밀리옹을 입력했다. 묵고 있는 숙소에서 얼마 떨어지지 않은 곳을 가리키는 맵. 동료 두 명을 꼬드겨 공유 자전거를 타고 2km를 달렸다. 멋짐이 폭발하는 그곳에서 어서 빨리 멋진 사진을 찍고 싶었다.

그런데 도착 후 멋짐이 폭발해야 할 그곳에서 당황감이 폭발했다. 그곳은 그냥 생테밀리옹 '광장'이었다. 두 동료의 무미건조한 시선. 차라리 따가운 시선이었으면 했으나 '그럴 수도 있지'라고 말하는 듯한 그들의 실망 없는 눈빛에 나는 더 미안해졌다. 다시 찾아보자고 말하고 싶었지만, 밥이나 먹으러 가자던 그들에게 할 수 있는 말은 "죄송합니다"뿐이었다. 멋진 사진을 찍겠다던 나의 바람은 그 순간 멋쩍음으로 종지부를 찍었다.

제대로 알아보니, 내가 가고자 했던 생테밀리옹은 보르도에서 승용차로 거의 한 시간 거리였다. 이름만 비슷했을 뿐 완전히 동떨어진 곳이었다. 어느 거리뷰에서든 석조 건물들만 보이니 거기가 거긴 줄 알았는데, 자세히 보니 확연히 다른 지역이었다. 그저 빨리 가보고 싶다는 급급한 마음에 디테일을 신경 쓰지 못한 나의 실수였다.

이전까지 구글맵으로 식당도 찾고, 공항도 찾고, 교통편도 이용하는 등 많은 것을 해결했었다. 당연하게도 구글맵을 신뢰했다. 하지만 만능인 줄 알았던 구글맵도 2% 부족했던 나의 주의력에는 완전히 무능해졌다. 지나치게 의존한 탓에 일어난 결과였다.

주식 투자에서도 같은 실수는 일어난다. IT 버블 당시에는 IT스러운 이름만 붙어 있어도 주가가 함께 올랐고, 바이오 관련 주식이 파죽지세로 오를 때면 사료를 파는 기업인데도 기업명에 '바이오'가 붙어 있다는 이유만으로 주가가 힘~껏 함께 올랐다.

나의 부추김에 동료들이 우르르 생테밀리옹 광장에 몰려간 것처럼 사람들은 '시세'라는 무언의 부추김에 별 의심 없이 모여들었다. 스스로 알아보고 처음부터 끝까지 자신이 결정을 내린다면야 이런 일에 휩쓸릴 확률이 낮아지겠지만, 사실상 대부분의 사람들에겐 그만한 여력이 없다.

아침이 되면 무거운 몸을 일으켜 직장으로 향하고, 자신의 업무를 이런저런 방해(?) 속에서 처리하고 나면, 한껏 눅눅해진 몸을 겨우 집에 들여놓는다. 뽀송뽀송해질 틈이 없는 엄청난 일을 매일매일 하면서 주식 투자에 필요하다는 일련의 노력까지 기울이기는 어렵다. 에너지와 판단력엔 한계가 있다. 그러니까 남들이 말하는 시세에 몰려갈 수밖에 없다. 누군가가 뛰면 앞뒤 재지 않고 일단은 따라서 뛰었던 아주 먼 옛날의 선조들처럼.

김 과장의 '카더라'가 정보가 되고, 전문가의 전망이 나의 전망이 되고 마는 게 현실이다. 대부분의 에너지를 회사에 쏟아내는 직장인의 에너지 보존 방법이기도 하다. 그렇다고 그냥 이대로 어쩔 수 없이 몰려다닐 수밖에 없는 것인가? 조금 더 시간을 짜내고, 잠을 줄이고, 집중하면 되지 않을까? 아쉽게도 이는 매우 어려운 일이다. 그 힘듦을 생각하면 그리 권할 만한 것도 못 된다.

그렇다면 이제 하나의 결정만이 남는다. 어디로 몰려갈 것인지에 대한 선택이 그것이다. 몰려다닐 수밖에 없는 상황은 어쩔 수 없더라도, 어디로 몰려갈 것인지는 스스로 결정해보자는 거다.

주식 시장에는 수없이 많은 무리들이 존재한다. 가고자 하는 목적지와 목표를 기치로 내걸고 있는 무리가 있는가 하면, 어쩌다 보니 뭉쳐진 급조된 무리도 있다. 적어도 이 두 가지 무리만 구분해

도 몰려다님은 큰 힘을 발휘한다.

내가 한쪽 발을 담갔던 무리는 연금저축펀드다. 매달 일정 금액을 펀드에 불입하고 나면 직접 투자할 수 있는 금액은 실상 거의 남지 않는다. 내일이라도 사라질 무리에 동참할 수 있는 여력 자체가 없어진다. 월급이 그만큼 충분치 않다는 슬픈 이야기가 배어 있지만, 멋모르고 어둠에 뛰어들 위험이 적다는 데에는 안심이 되는 이야기이기도 하다. 뭔가 개운치 않은 회사의 도움.

돌아올 수 있는 길이라면 좀 헤매도 괜찮다. 생테밀리옹 광장이 숙소에서 자전거로 한 시간 거리였다면 동료들도 고민하면서 직접 알아보았을 테다. 사람들이 무언가를 별생각 없이 하는 것 같지만 마냥 무턱대고 그러는 것은 아니니까. 그리고 내가 미처 몰랐던 것을 그들이 일깨워 주었을 거다. 내가 잘못 알고 있고, 굳이 가겠다면 방법을 바꾸는 것이 낫다고.

그러고 보면 테마주나 '카더라 통신'에 혹해서 몰려다니는 것은 모두가 돌아올 것을 생각하고 감행하는, 감당이 가능한 수준의 행동이란 얘기가 될 것도 같다. 역시 사람의 행동 밑바닥엔 합리적인 생존본능이 깔려 있음이 분명하다.

'진짜' 생테밀리옹은 상대방 업체 직원의 배려로 잘 다녀왔다. 일종의 패키지여행이었다. 여행지를 잘 모르던 우리 일행을 위해 그나마 프랑스를 잘 아는 분의 노고로 멋진 사진도 찍을 수 있었다. 역시 앞장서는 사람이 있으면 여러모로 몸과 마음이 편하다.

도통 알기 어려운 투자 여행도 패키지로 해보는 것은 어떨까. 연금저축펀드와 인덱스 펀드, 그리고 ETF라는 잘 알려진 괜찮은 투자 여행 상품이 지천이다. 잘은 모르지만 '거기가 좋다던데~' 하면 맘 편한 패키지여행을 선택하는 것처럼, 투자에서도 산업과 기업을 세세하게 알지 못하면 심신이 편안한 패키지를 고려해 봄직하다.

모든 여행이 그렇듯, 여행지의 유구한 역사와 골목 구석구석을 속속들이 알지는 못해도 여행은 충분히 즐거울 수 있다.

공부는 진정 배신하지 않는가

주가와 금리에 대한 이해, 유가와의 상관관계, 반도체 제조 공정, 재무제표 보는 법. 아! 주식하나 하는데 알아야 할 것이 너무 많다. 쉽지 않다. 하지만 그래도 꾸역꾸역 시장에 관한 지식을 집어삼킨다. 지식의 뱃구레가 워낙 작은 터라 순식간에 목까지 차지만, 그래도 힘겹게 삼키면서 어떻게든 소화하려고 안간힘을 쓴다. 언젠가 이 지식들이 혜안을 줄 거라는 기대를 하면서….

누가 공부는 배신하지 않는다고 했던가. 무턱대고 하는 공부는 배신도 하더라. 아무리 지식이 쌓이고 거시지표와 미시지표를 두루두루 살펴봐도 결국 적용하지 못하는 데서 한계가 찾아 왔다. 피타고라스 정리를 외웠는데 어디다 써먹어야 하는지 모르는 학생마냥, 아는 게 늘어 뿌듯하긴 한데 왠지 모를 허무감을 맛봤다.

많은 이들이 경제 지식을 쌓거나 기술적 지표를 잘 해석하고 재

무제표도 능숙하게 읽을 줄 알면 주식 투자를 잘할 수 있을 거라 믿곤 한다. 물론 나도 그중 한 명이기에 이런 것들을 쌓아가려고 노력했다. 그 덕에 어느 정도의 성과도 봤다. 하지만 모든 것이 그렇듯 거기에도 한계는 있었다.

무엇이든 알면 더 나아진다는 건 분명하다. 하지만 정작 중요한 것은 그것과 병행해야 할 수많은 시도였다. 목표에 도달하기 위한 확실한 방법을 알 수 없기에 일단 해보고 수정하기를 반복하는 시행착오. 나아가며 마주치는 예기치 못한 문제나 실수에서 배우는 경험, 그리고 이를 통해 문제를 해결하고 실수를 줄이는 것. 그게 공부였다.

커다란 벽이 내 앞을 가로막는다. 과연 이 벽을 넘을 수 있을까. 의구심이 든다. 엄두가 나지 않아 돌아서길 여러 차례. 그러다 더는 피할 수 없는 상황에서 온 힘을 다해 밀어본 벽은 기우뚱하며 뒤로 넘어갔다.

"벽을 눕히면 다리가 된다."

흑인 인권운동가 안젤라 데이비스의 이 말은 놀랍게도 사실이었다. 그저 한 번 밀어보는 것에서 시작된 시도는 온 힘을 다해보는 노력으로 이어졌고, 그러다 넘어간 벽은 이제껏 보지 못한 길이 되었다. 그리고 이를 가능하게 한 것은 이제껏 쌓아온 얕은 지식과 이런저런 고생의 경험에서 얻은 마음의 작은 근육이었다. 어디다 써먹어야 할지 몰랐던 지식과 경험은 그렇게 '시도'로 빛을 발했다.

깨달음과 배움이 곧바로 성과로 나타나진 않았다. 하지만 시나브로 나를 변화시킨 것은 분명하다. 이제는 장이 열리는 오전 9시가 되어도 더는 심장이 콩콩대지 않고, 주가 차트를 볼 때면 '손' 가쁘게 움직이던 손가락도 느긋해진 것을 보면, 지극히 개인적이지만 일취월장의 감동을 느낀다.

오늘도 내 앞에서 떡하니 버티고 있는 거대한 벽을 조금씩 건드려 본다. 역시 단단하다. 막막함이 밀려든다. 그리고 그와 함께 설레기 시작한다. 이 단단하고 높은 벽이 눕혀지면 얼마나 탄탄한 대로가 만들어질까. 은근한 기대로 팔을 걷어붙인다.

"끄응~ 차! 끄~으~~ㅇ 차!"

아고, 역시 어렵다. 힘이 많이 달린다. 아무래도 아직은 책을 좀 더 읽어야 하나 보다.

오를 땐 '상승',
내릴 땐 '조정'이라고 하는 이유

내가 오늘도 주가의 오르내림에 흔들리지만, 그래도 믿는 구석이 하나 있다. 주식 시장은 시간을 타고 조금씩 오른다는 거다. 나를 주식 시장에 머물 수 있게 하는 유일한 이유. 그거 하나 믿고 오늘도 주식 시장에 발을 담그고 있다. 만약 그런 믿음조차 없다면 늪에서 수영하고 있는 것과 다르지 않을 테다.

흔히들 주식 시장이 오를 때와는 다르게 내리거나 비슷한 수준을 유지할 때면 '조정'이라는 표현을 쓴다. 가격 조정, 기간 조정…. 혹자는 투자자들의 매매를 지속시키기 위한 증권사의 장삿속이라고 하지만, 적어도 나는 이런 표현이 마음에 든다. '지금은 잠시 조정을 하고 있을 뿐이야!' 그런 믿음만은 내려놓고 싶지 않은 거다.

'Crash'와 'Correction'. 이 말은 월스트리트에서 주가 하락을 관점에 따라 다르게 표현하는 용어로, 우리말로 하면 '폭락'과 '조정'이다. 한 블로그에서 'Crash'와 'Correction'의 차이를 설명한 것을 예로 들면 이렇다.

하락의 폭 : 20% 이상 하락 vs 10% 내외 하락

하락의 속도 : 하루에 10% 하락 vs 일주일간 10% 하락

하락의 원인 : 복잡하거나 큰 사안 vs 상대적으로 단순함

하지만 무엇보다 눈에 들었던 것은 이 말이었다.

"Crash는 확실히 드물고, 장기적으론 Correction에 지나지 않는다."

그러니 나는 그저 'Correction'으로 보려 한다. 세상의 성장과 함께 간다는 믿음은 주식을 할 때 가장 큰 버팀목이자 마음의 보험이다. 게다가 실제로 역사에 기록될 만큼 '당시엔' 엄청났던 'Crash'도 지나고 난 후엔 작은 'Correction'에 지나지 않았다. 그렇기에 이런 믿음은 결과론적으로도 신빙성이 있다.

물론 하루하루의 주가 등락에 신경이 쓰이는 건 어쩔 수 없다. 하지만 마음 한구석에 똬리를 튼, 장기적으론 오를 거라는 믿음은 매달 착실하게 연금저축펀드에 불입하게 만든다. 잘하지 못하는, 애초에 내 것이 될 수 없을 것 같은 긴 안목은 시장과 전문가에게 맡기는 거다. (오로지 믿음이지만) 어차피 오를 테니까.

어차피 'Correction'이고, 어떻게 해도 정확한 타이밍을 알 수 없다면, 그저 나눠 담는 것이 가장 좋은 방법일 터. 조금 더 큰 수익을 바라며 버둥대다 나중에 올라간 주가지수를 보고는 '그냥 조금씩 꾸준히 살걸' 하는 후회는 절대로, 절대로 다시 하고 싶지 않다.

한때, 왠지 내가 더 잘할 수 있을 것 같다는 생각에 펀드 투자를 주저했었다. 그럼에도 결국 연금저축펀드에 불입하기 시작한 것은 후회와 고민의 양을 덜고자 했던 최소한의 노력이었다. 그리고 기대 이상으로 편안해졌다.

한 이코노미스트의 말이 크게 와닿았던 것도 펀드투자를 시작한 이유다. "물 위에 잘만 떠 있으면 언젠간 바다에 도달할 수 있다."는 그의 말이 그렇게 든든할 수가 없었다. 그래서 믿어보기로 했다. 수영도 할 줄 모르는 데다 변변한 노도 없던 나로선 누구나 만들 수 있는 믿음이라는 돛에 의지할 수밖에 없기도 했지만….

"언젠간 바다에 도달한다."

나는 이 말에 참 많은 위로와 힘을 얻었다. 내가 잘하진 못해도 스스로 지나치게 무리하지만 않는다면 언젠간 원하는 곳에 도달할 거라는 믿음. 그 믿음이 애써 무리하거나 애간장을 태우던 나를 좀 유유자적하게 만들었다.

나는 오늘도 연금저축펀드, ETF라는 배에 고민과 걱정을 나눠 담아 흘려보낸다. 떠내려 보낸 나의 작은 배들이 조금은 느리고 때론 우왕좌왕해도 그저 큰 흐름에 밀려서 되도록 많은 배들이 바다에 닿을 수 있도록. 그렇게 소망을 담은 배들을 물 위에 띄운다. 언젠간 바다에 도달할 내 소중한 배를.

— 주식 투자를 하고 있다면 — 행복한 거라 말하고 싶네요

나는 가끔 아무것도 없었을 때의 나를 떠올린다. 그럴 때면 언제나 먼저 떠오르는 것이 어머니와 누님, 그리고 당시 여자 친구였던 지금의 아내다. 아무 조건 없이 나를 어루만지고 응원해준 사람들, 그들이 있었음에 행복을 느끼고 지금의 모자라지 않음에 감사하게 된다.

그러고 나면 지금의 내 삶은 기적 그 자체가 된다. 월세 10만 원의 집에서 지내며 새벽부터 밤늦게까지 일하시던 어머니를 근처에 모셨고, 또래보다 늦었지만 원하던 일도 찾았다. 게다가 지금은 네 아이를 거느리면서도 입에 거미줄 칠 걱정은 하고 있지 않다, 아직은…. (웃음)

이런 복에 겨워질 때면 괜스레 눈시울이 붉어진다. 아, 마흔이

'없다' 생각하니... 슬프고,
'있다' 생각하니... 감동이네.

넘고 나서 걸핏하면 감성 낭비다. 아무래도 이런 데 사용하느라 주체할 수 없던 감성 투자가 잦아든 것 같기도 하다. 본의 아니게 발견한 감성 보존의 법칙.

애써 그런 상황을 만들고 나면 뭔가를 더 얻기 위해 아등바등하는 지금의 내가 참 욕심쟁이인 것만 같다. 그 당시 그토록 원하던 안정된 삶인데, 금세 잊어버리고 더 큰 것을 쫓고 있다니. 욕심의 끝을 찾을 수 없어 조금은 허망해진다.

목표가 큰 것이 뭐가 문제이겠냐마는, 그 과정이 그리 건설적이지 않은 데서 문제가 생겨난다. 욕심은 사람을 조급하게 만들고, 작은 것에도 쉽게 흔들리게 만드니까. 더 크게 되고 싶어 아등바등하면서 작은 것에 흔들리는 모습, 우습지 않은가. 그래서 울다가 웃는다. 부끄럽게도 주식 투자를 하다 보면 종종 이런 웃픈 모습이 되고 만다.

—— 주식 투자의 이유 찾기

주식 투자를 왜 하는 것인가? – 당연히 돈을 불리기 위해서다.

그럼 돈은 왜 불려야 하는가? – 충분하지 않기 때문이다.

그럼 얼마면 충분한가? – 음… 그냥 더 많아졌으면 좋겠다.

왜 더 많아져야 하는가? – 행복해지려고….

지금 행복하지 않은가? – 행복하긴 한데 혹시나 해서….

스스로 질문을 던지다 보면 결국 이렇게 끝나고 만다. 결론은 '지금의 행복이 날아갈까 봐 불안해요'이다. 미래를 위해 뭐라도 해야겠다는 생각 끝에 주식 투자를 선택했고, 어느 순간 삶의 여러 축 중에 하나로 들어차게 됐다.

원하는 미래의 삶이 지금과 그리 다르지 않음을 안다. 다르다고 해봐야 일을 적게 하는 것일 테고, 여행을 조금 더 다니고, 좋은 물건을 큰 결단 없이 사는 것일 테다. 그래 봐야 횟수와 크기의 차이다. 그러니까 지금의 투자는 '이와 같은' 행복을 유지하고자 하는 안전장치이자 '지금과 같은' 미래 행복을 위한 일종의 보험인 거다.

이러한 이유로 투자를 하고 있다는 이야기는 이렇게도 생각할 수 있다.

'투자를 하고 있다면, 지금 행복한 거다.'

지금의 삶을 유지하기 위해 주식 투자를 하고 있다면 이미 행복한 사람이 아닐까. 본업을 가지고 주식 투자를 병행하고 있다면 다소 억지스러워 보일지도 모를 이 논리를 거꾸로 되짚어 올라가 봤으면 한다.

'왜 주식 투자를 하고 있는가?'라는 질문에 도달했을 때, 만약 그 이유가 나와 유사하다면, 오늘 혹은 이번 주의 투자 손실 때문에 속은 쓰릴지언정 저녁 메뉴를 궁금해하고 주말 계획을 세울 테다. 캠핑 일정이 있는 주말 날씨를 알아보거나, 간만의 보너스로 조금은 근사한 계획을 세우고 있을지도 모른다.

소소하지만 단단한 행복을 만끽하는 모습. 삶에서 주식을 중심에 놓기 어려운 이유가 바로 여기에 있다. 대부분의 주식 투자는 그런 균형 잡힌 삶이 있기에 가능하기 때문이다.

사실 주식 투자로 행복을 지킬 수 있는지는 미지수다. 알 수 없는 인생, 무슨 일이 언제 어떻게 닥칠지 누가 알겠나. 그러니 투자는 하나의 보조 안전장치라고 생각하는 게 더 적당해 보인다. 이미 내 삶에 꼭 필요한 안전장치는 아무것도 없던 시절부터 사랑과 믿음이라는 이름으로 단단히 매어져 있었고, 조금도 느슨해지지 않았으니까.

주식 투자로 부대끼는 것은 매일같이 덜컥대며 쉽사리 믿음을 주지 못하는 보조 안전장치에 지나치게 신경 쓰는 탓이다. 그래서 혹시 몰라 장착한 에어백이 잘 작동할지 안 할지를 걱정하며 운전에 집중하지 못하는 우는 범하지 않으려 한다. 미래의 행복에 닿기 위한 보조 안전장치가 지금의 내 행복을 갉아먹게 해서는 안 된다. 주식창만 마주하면 종종 까먹기도 하지만, 주식이 다가 아니라는 생각은 마음을 다독이는 손과 같았다.

문득문득 차오른 욕심에 흔들리는 삶을 눈치채고부터 꾸준히 되새겨온 다짐을 이렇게 글로 남긴다. 일종의 탁본이다. 마음에 아로새긴 다짐의 탁본. 하하. 좀 유치하긴 하지만, 조금씩 더 깊게 새기고 있는 이 다짐을 혹시 탁본해 가실 분 없나요? 정 부담스러우시면 탁본 복사도 괜찮습니다만….

잘 먹고 잘 살아라, 자식들아!

* 주의 : 사랑하는 저의 네 명의 악동들을 생각하며 적은 글입니다. 저를 자신보다 20살 정도 많은 연장자로 생각하고 읽어 주신다면 기분이 덜 나쁠 수 있습니다. (웃음)

먼저, 항상 염두에 두면 도움이 될 이야기를 귀띔해주고 시작해야겠다. 생각해본 적이 없겠지만, 사실 너희들은 아빠의 수억만 정자 중 하나였다. 더욱이 엄마와의 수많은 사랑에서 딱 네 번의 기회를 맞이했던 엄청난 행운(?)의 주인공들. 그러니까 너흰 까딱 잘못하면 이 세상에 없었을 수도 있다는 얘기다. 이 점을 항상 상기하기 바라며 이야기를 이어간다.

"공짜 점심은 없다."

노벨 경제학상을 받은 밀턴 프리드먼이 남긴 경구다. 하고자 하는 일이 무엇이든 그에 따르는 대가가 있다. 이는 살아감에 있어 모든 것에 해당하는 이야기다. 때가 되면 알겠지만, 이는 기회비용에 관한 이야기이기도 하다. 이것을 하면 저것을 할 수 없고, 저것을 하게 되면 이것을 할 수 없는 상태에서 어떻게 하면 더 나은 선택을 할 것인지에 대한 이야기 말이다.

자, 이제 공짜 점심이 없다면 어떤 점심을 골라야 하는지에 대한 얘기가 남는다. 어떻게 하면 좋은 선택을 할 수 있을까. 언젠가 이런 고민을 시작할 너희들에게 해줄 수 있는 아빠의 작은 조언은 결과에 너무 연연할 필요가 없다는 거다.

노력이 늘 좋은 결과로 귀결되는 것이 아니듯, 실패의 원인이 부족함이 아닐 수 있다. 너희들의 탄생을 도운 그 우연은 삶에도 그대로 존재한다. 그러니 성공에 언제나 겸손하고, 실패에 너무 낙담하지 않는다면, 선택 앞에서 조금 더 용기를 낼 수 있을 테다.

모든 것이 운 좋게 주어졌음을 잊지 않는 것만으로도 예외 없이 맞닥뜨리는 절망에서도 훌훌 털고 일어설 수 있을 거라 믿는다. 너희가 아무리 많은 것을 잃어도 너희에겐 소중한 생명과 함께 무한히도 아끼는 가족이 있다. 그리고 선택의 결과에 지나치게 연연하지 않을 때, 앞으로 내딛는 발걸음은 한결 가벼워진다. 그 결과가 많고 적은 돈에 관한 것이라면 더더욱.

── 모든 선택의 중심이 너희가 되기를

아빠는 많은 순간 주위의 눈치를 살피고 다른 사람과 비교하며 살아왔다. 사회의 상·벌 시스템 속에서 성장하여 어쩔 수 없었다는 핑계는 차치하고라도 '있어 보이는 것', 그것이 인생 모토였는지도 모른다. 아마도 아빠는 대단한 어른이 되어 대접받는 삶을 바랐던 것 같다. 그래서 고민을 시작했다. '뭘 하면 좋을까. 음…, 역시 부자가 되는 것이겠지?' 가족의 미래를 위해서라는 마음의 저 밑바닥엔 있어 보이고 인정받고 싶은 욕심이 짙게 깔려 있었다.

그리고 주식 투자를 시작했다. 너희가 태어나면서(×4) 조급함은 더해졌고(×4), 그 핑계로 무리했다. 그러다 가계 경제를 위험에 빠트릴 뻔하면서 알게 됐다. 집안의 기둥은 땔감으로 쓰는 게 아니라는 것과 대단한 어른 '대접'을 받고 싶으면 적어도 어른'답게' 굴어야 한다는 것을. 그러고 나서 조금 더 어른으로 자란 것 같다.

나중에 알게 되겠지만, 주식에서 '상투'란 것도 잡아 봤고, '상폐'라는 것도 당해봤다. 장기 투자라고 할 만한 종목 중 대부분은 물려서 팔지 못한 것들이었다. 나중에 조소를 머금고 아빠를 쳐다보겠지만, 이미 많은 글에서 조금씩 까발렸기에 부끄러움은 크지 않다. '쪽'도 한계가 있는지 팔다 보니 동이 났나 보다.

웃으려면 웃어도 된다. 하지만 마음껏 비웃기 전에 그 또한 아빠의 노력이었음을 기억해주기 바란다. 조급했고 모자랐던 아빠의 값진 실수라는 걸, 제법 비싼 점심이었다는 것을 말이다.

그러니 너희는 누구의 인정도 필요로 하지 않는, 너희만의 삶을 살기 바란다. 인생은 경쟁이 아니다. 승자가 되어 누군가로부터 인정을 받거나, 누군가를 이겨야만 인생을 완성할 수 있는 것도 아니란 얘기다.

모든 선택의 중심에 너희를 놓고, 너희가 책임져야 하는 모든 것을 너희 자신을 위해 결정할 수 있다면, 아마 돈으로부터도 조금은 자유로워질 거라 믿는다. 당장은 기분 좋을지 모를 타인의 인정은 지속적인 행복을 가져다주지 못한다. 그리고 혹시 잘못된 선택으로 후회를 하게 된다 해도, 다른 사람에 대한 원망보단 자신이 겪은 시행착오에 대한 반성이 1만 배는 나을 테다.

실수만으로 뭔가가 크게 잘못되지는 않는다. 잘못 들어선 길은 돌아 나오면 되는 일. 그러니 너희도 실수하는 걸 두려워하거나 실수에 대해 너무 기죽지 마라. 사람은 언제나 실수를 한다. 그럼에도 인생은 이어진다. 인생의 점심이 단 한 번이 아님을 기억하면 좋겠다. 죽는 날까지 골라야 하는 것이 점심이다. 어차피 매 순간의 고민은 끝이 없다.

막내 탄생의 비화를 풀어보겠다. 넷째야, 사실 너는 큰 개를 키우고 싶었던 아빠의 소망이 사람으로 이뤄진 케이스다. 철저하지 못했던 엄마·아빠의 사랑이 빚어낸, 신께 감사드려야 할 실수라고나 할까. 당시 엄마·아빠는 '넷이라니!!! 아, 인생이 이렇게도 뜻하지 않게 흘러가는구나!'라고 생각했다. 그리고 강아지 같은 네가 태어났을 때, 우리는 많이도 행복했다. 이처럼 너희들이 살아가며 하는 실수는 실수가 아닐지도 모른다. 그러니 지레 겁먹고 움츠러들지 않아도 된다. 모든 결과는 닥쳐봐야 알게 되는 '럭키박스' 같은 것이니까.

고개를 꼿꼿이 들어라. 이 아빠가 경제적 풍요를 이루지 못한 지금의 상황에서도 돈에 대해 당당히 이 글을 적고 있는 것처럼. 누군가가 실패했다고 조롱하거나 너는 자격이 없다고 평가하더라도 고개 숙이지 마라. 내일은 또 다른 날이 되고, 너희는 새로운 날을 맞이할 거다.

어제의 네가 오늘의 너일 수 없듯, 오늘의 너는 내일이 오면 또 다른 네가 된다. 고개 숙이지 않는 너의 소중한 실패를 너만의 발판으로 삼으면 그뿐이다. 다른 사람의 시선은 전혀 중요하지 않다. 실패를 당당히 인정하면서 '그래서, 뭐?'라는 당당함도 미루지 않았으면 좋겠다.

조언이랍시고 글을 적고 있지만, 아빠는 아직 부족한 게 많다. 그래도 예전처럼 조급하거나 막막하지만도 않다. 이게 다 너희들 덕분이다. 주식으로 큰돈을 벌어보겠다고 책상에 앉아 있을 때 너희들의 표정은 시무룩했고, '에라 모르겠다' 하면서 너희들과 같이 먹고 놀고 떠들 때 너희들은 빛나는 보석이 되었다. 그러니 혹시 너희들이 커서 아빠의 재정 상황이 그리 여유롭지 못하더라도 아빠를 가엽게 여기지 마라. 놀면서 갖게 되는 보석에 눈이 멀어 다른 걸 할 수 없었던 것뿐이다. 그러니까 후회는 없다. 그리고 무지무지 행복했다.

아들러라는 정신의학자가 말했다. 모두에겐 자신만의 과제가 있고, 그 과제에 무책임하게 간섭하는 것은 서로에게 좋지 않다고. 아빠는 이 말에 많이 공감했다. 너희에게 무언가를 강요하지 않는 것은 그것이 엄마나 아빠를 위한 것이 아님을 알기 때문이다. 어떤 결정을 내리든 지지해주려는 마음가짐이 우리 노력의 전부인 이유다.

그래서 아빠의 노력은 딱 여기까지다. 말을 물가로 데려갈 수는 있어도 물을 억지로 먹일 수는 없는 것처럼, 너희들 입에 맞을지 모를 호수까지만 안내한다. 목이 마르면 언제든 목을 축이러 오렴. 언제든 환영이다.

그럼, 앞으로도 잘 먹고, 잘 살아라. 나의 어여쁜 자식들아!

에필로그

제가 내일의 주가를 맞춰 보겠습니다

내일 주가는 오르거나 내립니다. 문제는 오르다 내리거나, 내리다 오를 수도 있다는 거지요. "에이~, 그걸 누가 몰라~" 하는 소리가 여기저기서 들립니다. 맞습니다. 간혹 시가(시작한 가격)와 종가(종료된 가격)가 동일해지기도 하지만 하루 종일 같은 상태로 있지는 않기에, 이런 식이면 누구나 내일의 주가를 맞출 수 있습니다.

여기서 하나를 알게 됐습니다. 우리는 모두 내일의 주가가 오르거나 내린다는 것을 안다는 겁니다. 사실 이건 대단한 능력입니다. 앞날을 예지할 수 있다는 얘기니까요. 누군가는 그런 시시껄렁한 얘기 말고, 이유와 근거를 들어서 정확한 방향을 예측해 주기를 바랄 겁니다. 그런데 우리는 다른 사실 하나도 알고 있습니다. 그게 불가능하다는 거지요.

다 알면서 모른 척은...

누구나 압니다. 미래를 '정확히' 예측하는 것은 불가능하다는 것을요. 그런데도 자꾸만 예측하려 하고, 그 예측에 기대어 적지 않은 것을 걸려고 합니다. 비록 그것이 절실하더라도 그 절실함이 예측을 맞게 해주지는 않는데 말이죠.

우리가 알고 있는 것은 내일도 주가는 움직인다는 것과 어디로 움직일지 모른다는 사실, 이 두 가지뿐입니다. 이 확실한 두 가지 사실을 바탕으로 투자를 한다면 우리가 할 수 있는 것은 하나입니다. 어떤 일이 일어나도 심각한 타격을 입지 않도록 대비하는 것,

열린 태도를 유지하는 것입니다. 부딪혀도 심하게 다치지 않도록, 너무 빨리 달려도 떨어지지 않도록 안전벨트를 꽉 매는 것입니다.

그리고 알 수 없는 주가를 바라보고 있다는 것은 이를 통해 어떤 이익을 얻으려는 동기가 있다는 얘기가 됩니다. 그 동기에는 필연적으로 기대감이 한껏 깃들어 있을 거고요. 사람은 기대감 없이 움직이지 않습니다. 나의 행동이 어떤 결과로 이어지길 바라는 것은 원하는 모습이 어느 정도 그려질 때 가능해집니다.

주식 시장에 발을 들였다면 아마도 '오를 거라는 기대' 때문일 겁니다. 앞선 글에서도 적었지만 돈을 날리려고 혹은 '본전치기'를 위해 주식을 시작하는 사람은 보지 못했습니다.

이제 우리가 찾은 두 가지 사실과 하나의 심리상태를 가지고 생각해보면, 이렇게 정리될 것 같습니다.

'주식 투자는 정확히 알 수 없는 주가가 오를 거라는 기대로 한다.'

흠, 완전하진 않지만 우선 이 정도면 될 것 같습니다. 이제 뭐가 보이시나요? 제게는 '내가 모른다는 사실'과 그럼에도 '믿고 있는 제 마음'이 보입니다.

말씀드렸듯이, 어차피 당장의 주가는 알 수 없습니다. 그저 통계적으로 긴 기간 동안 상승해왔고, 앞으로도 그럴 것이라는 믿음만

이 있을 뿐입니다. 어느 기업가가 회사를 성장시키고 싶어 하지 않을까요? 우리는 모두 그 기업가가 악착같이 자신의 기업을 키우려 한다는 대전제하에서 그 기업이 성장할 거라 믿을 뿐입니다. 그게 우리의 마음입니다.

믿음은 바로 주식 투자를 하는 근거가 됩니다. 좋아질 거라는 믿음과 커나갈 거라는 믿음이 투자에 가장 중요하고 지대한 영향을 미친다는 얘깁니다. 이를 위해 우리는 사업 실적의 경향을 살피고 회사의 경영 환경이 유리한 국면인지 아닌지를 가늠하게 됩니다. 기대를 굳건한 믿음으로 만들기 위한 행동들입니다.

믿음이 없으면 투자를 시작할 수 없습니다. 이미 시작했다면 믿음이 있는 겁니다. 그런데 이게 자꾸 흔들립니다. 그리고 의심합니다. 그러다 보니 자꾸 믿음의 방향을 바꾸게 됩니다. 바로 이게 문제입니다. 시장의 등락이 문제가 아니라 마음의 등락이 문제인 겁니다. 믿음으로 자리 잡지 못한 어설픈 기대는 문제를 일으킵니다.

이런 기대는 일찌감치 꺾어야 합니다. 뭐든지 일어날 수 있다는 열린 태도에서도 꺾이지 않는 기대만이 믿음이라 할 수 있습니다. 에어백만 믿고 안전벨트를 하지 않는 것도, 안전벨트 없이 서행하는 것도 좋은 방법이 아닙니다. 안전벨트를 한다고 100% 안전한 것은 아니지만, 우리는 할 수 있는 최소한의 노력은 해야 합니다. 그래야 '그나마' 안심할 수 있습니다.

실제로 수많은 폭락을 거치면서도 시장은 꾸준히 상승해왔습니다. 많은 사람들이 '그냥 들고만 있었으면…' 하는 후회를 하는 이유도, 팔아버린 주식이 심한 등락은 있었으나 결국 더 높은 위치에 있기 때문입니다. 대부분이 지나고 나서 알게 되지만, 비슷한 상황이 발생하면 또다시 같은 후회를 반복하게 되는 것은 마음 통제가 그만큼 쉽지 않기 때문입니다.

'마음은 갈대'라는 말은 정말 명언 중 명언입니다. 세상 그 무엇보다 뜻대로 되지 않는 것이 내 마음이죠. 이제 어렴풋이 주식 투자가 쉽지 않은 이유가 나왔습니다. 바로 마음을 다스리는 게 쉽지 않아서입니다.

하루하루 부대끼는 마음을 다잡는 것이, 그리고 그 다잡음을 위해 학습하고 생각을 정리하는 것이, 사실 우리가 할 수 있는 전부입니다. 그리고 이를 통해 꾸준히 할 수 있는 편안함을 만들어 안정적이고 지속적인 투자를 이어갈 수 있다면, 투자 수익의 크기와는 상관없이 성공적인 투자라고 부를 만합니다.

여러 차례 고백했듯, 큰돈을 벌진 못했습니다. 그럼에도 이런 글을 쓰는 까닭은 여전히 부족함을 알기 때문이고, 마음 통제가 무엇보다 중요하다는 것을 어렴풋이 알게 되었기 때문입니다. 본디 패자는 말이 없습니다만, 저 같은 평범한 직장인 투자자를 통해 어떻게 그렇게 지고만 살 수 있는지도 알아 두면 좋지 않겠습니까.

오랜만에 사뭇 진지하게 글을 쓰니 새롭습니다. 실없는 농담도 좀 섞고, 웃픈 얘기도 좀 해야 하는데 여기 글에서만큼은 그럴 수가 없네요. 투자 이야기는 가벼울 수도 있겠지만, 사실 모든 투자는 결코 가벼울 수 없는 주제입니다. 진중한 자세가 필요하지요. 미래를 위한 어떤 행동도 결코 가벼울 순 없으니까요. 그래서 어울리지 않게 좀 진지해져 봤습니다.

하지만 말입니다. 무엇을 하든 즐거울 순 있습니다. 전쟁터에서도 사랑을 꽃피우듯, 등락을 거듭하는 주식 투자에서도 편안함을 통해 즐거움을 느끼셨으면 합니다.

오늘도 편안하고 즐거운 마음으로 투자를 이어가시길 간곡히 소망합니다. 그리고 부디 저 드넓은 바다에서 큰 우여곡절이 없었던 시시한 이야기를 나눌 수 있기를 다시 한번 바랍니다. 감사합니다.

투자의 민낯

본격 주식투자 뒷담화 에세이

초판 1쇄 인쇄 2021년 12월 21일
초판 1쇄 발행 2021년 12월 27일

글 · 그림 한한(남희한)
펴낸곳 굿모닝미디어
펴낸이 이병훈

출판등록 1999년 9월 1일 제10-1819호
주소 서울시 마포구 동교로 50길 8, 201호
전화 02) 3141-8609
팩스 02) 6442-6185
전자우편 goodmanpb@naver.com

ISBN 978-89-89874-42-3 03320

* 책값은 뒤표지에 있습니다.
* 잘못된 책은 구입하신 서점에서 바꾸어 드립니다.